FRIEDRICH CHRISTIAN DELIUS

Die Verlockungen der Wörter

»Man weicht der Welt nicht sicherer aus
als durch die Kunst,
und man verknüpft sich nicht sicherer mit ihr
als durch die Kunst.«

Goethe

FRIEDRICH CHRISTIAN DELIUS

Die Verlockungen der Wörter oder

WARUM ICH
IMMER NOCH
KEIN ZYNIKER
BIN

: TRANSIT

Der Text basiert auf vier Vorträgen »Die Zukunft der Wörter«,
die der Autor als Gast-Dozent an der Universität Paderborn
im Wintersemester 1994/95 gehalten hat. Er dankt allen,
die ihn zu diesen Selbstauskünften genötigt haben.

© 1996 : Transit Buchverlag
Gneisenaustraße 2
10961 Berlin

Layout und Umschlaggestaltung:
Gudrun Fröba
Druck und Bindung:
Pustet GmbH, Regensburg
ISBN 3-88747-107-5

Inhalt

Warum ich immer
noch kein Zyniker bin
oder
Die Zukunft der Wörter

Wie angenehm, denke ich manchmal, wäre es doch, ein Zyniker zu sein. Ich könnte mit spöttischer Verachtung die Welt betrachten, dürfte einen gesunden distanzierten Haß gegen meine Mitmenschen pflegen, brauchte keine Scham dabei zu empfinden, stets auf den eigenen Vorteil bedacht zu sein, und könnte mit mildem Vergnügen Untergängen, Zerfallserscheinungen und Katastrophen zuschauen und dabei die Genugtuung genießen, daß sowieso nur geschieht, was sowieso zu erwarten ist. Da mein Feld das Schreiben ist, hätte ich als Zyniker leichtes Spiel. Dann wüßte ich, daß alles Tun sinnlos ist, jedes Nachdenken über die eigene Position hinaus eine Illusion, jeder moralische Vorsatz verlogen. Ich wäre ziemlich sicher, daß die Literatur höchstens der Selbstbefriedigung dient und niemandem nützt außer denen, die damit Umsatz machen. Ich könnte mich darauf beschränken, alles der Lächerlichkeit preiszugeben, was andere als egoistische Standpunkte und Meinungen erkennen läßt, könnte mit Abscheu oder Häme betrachten, wie andere, die Naiven, die Moralisten, die »Gutmenschen« sich angestrengt, aber vergeblich um die Darstellung von Widersprüchen, Bedrohungen, Zumutungen oder gar Ermunterungen bemühen. Ich wüßte dies alles mit flotter Feder zu servieren und wäre ein gesuchter freier Mitarbeiter in den Hochfeuilletons und Zeitgeistmagazinen.

Zyniker ist, nehmen wir zunächst eine einfache Definition aus der Brockhaus Enzyklopädie, wer »durch beißenden Spott verletzt und dabei in bewußter Absicht die Gefühle anderer oder gesellschaftliche Konventionen mißachtet.«

Nichts einfacher als das. Wie alle Menschen neige ich zur Bequemlichkeit, auch zu bequemen Standpunkten, von denen aus man das Chaos der Welt überblicken und ordnen möchte und sich gegen andere abgrenzt. Abgrenzen müssen wir uns dauernd, oft geht das gar nicht ohne Spott und Mißachtung. Dennoch, trotz guter Voraussetzungen schaffe ich es nicht recht, ein Zyniker zu sein. Für Spott, auch »beissenden«, habe ich einiges übrig, und kritisch genug gegen gesellschaftliche Konventionen bin ich im allgemeinen auch. Mit verletzenden Wörtern wüßte ich umzugehen, darf sogar als staatlich geprüfter, zweimal höchstrichterlich »Im Namen des Volkes« beurteilter Satiriker auftreten. Und die dritte Voraussetzung erfülle ich auch: ich bin an keinen festen Ort des Glaubens gebunden, bleibe ein fröhlicher Skeptiker, und wo immer ich Ideologisches wittere, wird mein geistiges Immunsystem alarmiert.

Aber irgendetwas hindert mich, diese Neigungen zu perfektionieren. Oder mache ich etwas falsch? Gut, zynisch wird man leichter, je mehr Macht man hat. Es gibt einen Zynismus der Mächtigen und einen Zynismus der Ohnmächtigen, der Opposition. Beide Zynismen vermischen sich im heute gängigen Zynismus derer, die ein gewisses Echo in der Öffentlichkeit finden auf dem Schlachtfeld der Meinungen. Da ich mich weder mächtig noch ohnmächtig fühle, könnte auch ich dazugehören. Mein Echo ist bescheiden, aber hin und wieder wollen Redakteurinnen und Redakteure etwas von mir oder kommen mit Kassettenrecorder oder Fernsehkamera vorbei und fragen nach meiner Meinung, sei es zum Fußball, zur deutschen Einheit, zum Terrorismus, zum Wetter, zur Gegenwartsliteratur oder zum Berliner Hundekot. Gelegenheiten, mich als Zyniker zu profilieren, gäbe es also genug. Aber es gelingt mir nicht. Liegt es vielleicht an meiner Biographie, an 1968? Dem angeblich so tiefen Moralismus der Studentenbewegung? Oder dem noch tieferen Moralismus meiner protestantischen Erblast? Oder einer alten bürgerlichen Neigung zum Idealismus, an einem ängstlichen Optimismus der Formel Es-wird-schon-werden? Diese möglichen Gründe will ich nicht von vornherein ausschließen. Aber ich vermute, daß ich mit diesen Gründen, wenn sie zuträfen, doch nur schlecht erklären könnte, warum ich immer noch kein Zyniker bin.

Ich möchte die Erklärung eher in meinem glücklichen oder sagen wir: libidinösen Verhältnis zu den Wörtern suchen, in dem altmodischen Vertrauen auf eine wie immer begrenzte, minimale Wirkung von Literatur und Argument. Dies Vertrauen stützt sich auf einige Erfahrungen aus einigen Jahren, oder, da Sie mich sowieso den Alten Herren zurechnen, darf ich es offener sagen: aus einigen Jahrzehnten. Von diesen überwiegend glücklichen Erfahrungen mit den Wörtern, mit dem Lesen und dem Schreiben will ich berichten. Ich hoffe, Sie ein wenig anzustecken, und wenn ich sehr persönlich werde und schamlos häufig »Ich« sage, dann sind das nicht nur die Scheuklappen der Eitelkeit, sondern werbestrategisch etwas unschuldige Versuche, Sie auf dem effektivsten, nämlich dem subjektiven Weg zu literarischem Lustgewinn zu animieren. Ich will nicht zu viel versprechen, nur das eine, daß ich mich am Ende nicht mit einer allzu pessimistischen Sicht auf die Zukunft der Wörter verabschieden werde.

Finale furioso. Wenn man den Feuilletons und Statistiken glaubt, haben die Wörter keine große Zukunft mehr. Der Sieg der Bilder über die Wörter scheint festzustehen, die gedruckten Wörter befinden sich in der Defensive gegenüber den elektronischen Medien, und in den unüberschaubar weiten Gebirgen der verschweißten oder angestaubten, der broschierten oder glänzenden Neuerscheinungen rückt die Literatur trotz der Triumphe, die sie in jedem Herbst feiern darf, am Umsatz gemessen, eher in die Täler als auf die Höhen. Das ist nicht zu bestreiten, allerdings ist den Zahlen und Statistiken gegenüber große Skepsis angebracht, zum Beispiel erfährt man dort kaum, ob alles, was als Roman oder fiction verkauft werden soll, unter die Rubrik Literatur gerechnet wird oder nicht.

Je nach Interessenlage und Temperament hört man vom Ende des Gutenberg-Zeitalters jammern oder jubeln, vornehme Leute sprechen gleich von der Gutenberg-Galaxis und fordern uns auf, die Abfahrt in das nächste Milchstraßensystem nicht zu verpennen. Die Nachrichten, die wir Tag um Tag aus der Kulturwelt hören, scheinen diesen Trend zu bestätigen: die Panik in den Rundfunkanstalten, selbst in den Hauptabteilungen Wort, vor den Wörtern und Gedanken, die mehr als drei Minuten Aufmerksamkeit fordern, die Beschneidung von literatur- und wortkritischen Sendungen, Theater und Bibliotheken werden geschlossen oder sollen geschlossen werden, Personaletats fressen die Programmetats, usw. – Jeder wird dafür genügend Beispiele im Kopf haben und müde sein, immer neue zu hören. Nur eine banale Feststellung noch: »Daten« und »Bilder« und »Informationen« sind die unersättlichen Götter unserer Gesellschaft mit einem hohen Bedarf an Opfergaben, und all die Milliardensummen für eine immer dichtere elektronische Vernetzung regen mich nicht besonders auf, das ist das business unserer Zeit. Grotesk ist nur die deutsche, die europäische, die weltweite Einäugigkeit, mit der Staaten und Geldgeber die neue Kultur päppeln und die angeblich alte ohne Not zerstören helfen, also die läppischen

Millionen für die nichtelektronisch vermittelte Kultur mehr und mehr zusammenkürzen. Kurz, nach den Bilderstürmern der Gegenreformation können wir nun, am Ende des 20. Jahrhunderts, die Wörter-Stürmer beobachten, die weniger spektakulär, aber dafür umso hartnäckiger die Bibliotheksetats kürzen, die Bücher verteuern, die Diskussionsplätze abschaffen, die Wörter verbannen oder den Platz für Wörter verkleinern, Meinungen auf ein, zwei Sätze reduzieren, die Sätze kürzen, die menschliche Stimme beschneiden, usw.

Diese Entwicklung kann man nach Kräften bedauern und da und dort bekämpfen, aber an all dies denke ich nur am Rande, wenn ich über die Zukunft der Wörter spreche. Ich glaube nämlich, daß das Gerede vom Ende der Wörter, der Bücher, der Literatur, trotz aller Fakten, Zahlen und Belege, so modisch ist wie sonst kaum etwas.

Aber, werden Sie einwenden, die Entwicklung ist doch sehr bedenklich, und sind wir nicht täglich mit der Frage konfrontiert: wer liest denn noch? Gerade habe ich die Frage bei Heinrich Mann wiedergefunden, seinen Essay »Die geistige Lage« aus dem Jahr 1931 beginnt er mit den Sätzen: »Zuweilen höre ich klagen, es werde nur wenig gelesen. Ich wundere mich immer, wenn ich das höre. In Wirklichkeit wird doch viel mehr gelesen – nicht vom einzelnen, aber von der Masse.«[1] Aber, um beim Thema zu bleiben, was ist heute? Schüler lesen immer weniger, sagen die Lehrer, Lehrer lesen immer weniger, sagen die Buchhändler, Studenten lesen immer weniger, sagen die Professoren, Professoren lesen immer weniger, sagen die Buchhändler, die Buchhändler lesen immer weniger, sagen die Verleger. Kurz, alle lesen immer weniger, wahrscheinlich lese auch ich weniger, aber an welcher Lebensphase, an welchen Interessenslagen und welchen Segmenten eines riesigen, unendlichen Bücherangebots messe ich das,

11

messen wir das? Selbst bei den jährlich 70.000 Neuerscheinungen besteht kein Grund zur Panik: die Auflagenzahlen auch für belletristische Literatur insgesamt steigen, umgerechnet auf die einzelnen und immer zahlreicheren Literaturtitel gehen sie zurück. Und es steht auch fest: die Ausleihzahlen in den Bibliotheken steigen.

Modisch nenne ich das Gerede vom Ende der Wörter, der Bücher, der Literatur. Nicht nur, weil es schick ist, Katastrophen zu beschwören und es sich dabei wohl sein zu lassen. Auch, weil kaum jemand darüber nachdenkt, warum die Bücher im Sog der Datenströme der Zukunft angeblich das falsche spezifische Gewicht haben und deshalb angeblich untergehen müssen. Deshalb zuerst der, entschuldigen Sie, banale Hinweis: die Malerei hat trotz der Fotografie überlebt und sich verändert, ebenso der Roman trotz des Films, die Bücher trotz des Fernsehens – also wäre zunächst einmal Gelassenheit angebracht, auch wenn sich in Zukunft die Markt- und Verteilungsmechanismen stark ändern und gewiß nur selten verbessern werden.

Modisch nenne ich das Schwelgen in solchen Untergangsphantasien vor allem deshalb, weil es ein Zeichen für mangelndes Selbstbewußtsein und, mit Verlaub, für Faulheit ist oder eine allzu fixe Anpassung an die noch dazu falsch verstandene Theorie der Postmoderne. »Die moderne Gesellschaft«, so Niklas Luhmann, »erträgt keinen Abschlußgedanken, sie erträgt deshalb auch keine Autorität«[2], es gibt keinen verbindlichen Kanon mehr. Daraus wird nun gefolgert, es wisse ohnehin niemand mehr, was gut und richtig, was vernünftig, was wahr und falsch sei, deshalb sei die Destruktion und der Niedergang solcher schönen Künste wie der Literatur unausweichlich, und, niemand sagt es, aber viele Intelligenzbestien denken es, deshalb sei es um die Literatur nicht schade, die ja immer etwas Anstrengendes, Langsames, vertrackt

Moralisches, auf Wahrheit Zielendes habe und mehr als genug mit Phantasien, Wünschen, Fragen belästige. Zyniker, hier sind sie wieder, denken gern so, aber nicht nur Zyniker.

Wer auch immer so redet oder schreibt, vergißt offenbar oder will uns vergessen lassen, worin die Eigenart, die Macht der literarischen Wörter, ihre antizipatorischen und emanzipatorischen, ihre erheiternden und erweiternden Kräfte bestehen. Ich werde versuchen, dafür einige Argumente, Beobachtungen und Zitate zusammenzutragen. Verzeihen Sie bitte, wenn ich damit bei Ihnen an der falschen Adresse sein sollte.

Mein Vorstoß rührt vielleicht daher, daß ich genügend Leute kenne, die berufsmäßig und doch seltsam verzagt mit Literatur umgehen und in ihrer professionellen Deformation ein merkwürdig gespaltenes oder defensives Verhältnis zu den spezifischen Qualitäten der Literatur haben.

Und verzeihen Sie bitte, wenn ich, gemessen an der üblichen deutschen Rede oder gemessen am durchschnittlichen intellektuellen Vortrag über die Lage der Nation und ihrer kulturellen Partikel, wenig zu jammern und klagen bereit bin. Ich spreche hier nicht als Interessenvertreter über die Zukunft der Wörter, als Mitglied der VG Wort oder des PEN. Noch weniger geht es mir um die gewerkschaftliche Perspektive eines Menschen, der um seinen Arbeitsplatz oder sogenannte Besitzstände seiner Zunft bangt. Wenn schon, gestatten Sie mir bitte auch diese Ironie, dann als Mitglied der Jean-Paul-Gesellschaft Bayreuth, denn von Jean Paul stammt der erhellende Satz, der zumindest Schriftsteller bei ihren Anstrengungen tröstet: »Wer schreibt, kann nicht unglücklich sein.«

Umwege, Definitionen. Sie sehen, daß die Annäherung an mein Thema nicht gradlinig erfolgt. Aus gutem Grund. Überlegungen zur Kunst und Literatur werden umso starrer und langweiliger, je mehr sie einer bestimmten Systematik und Logik folgen. Solche Systematik will mir ohnehin nicht gelingen, sie widerstrebt mir im höchsten Maße, und auch eine Poetik-Dozentur wird mich nicht zu einem ordentlichen Denker machen. (Ich weiß nicht einmal, ob ich immer noch bei der Vorrede oder längst mitten im Thema bin.) Ich werde Ihnen daher nur Brocken vorwerfen, gewiß in einer überlegten Abfolge, aber eher in einer Assoziationskette, deren schmückende oder verwertbare Teile Sie nach Ihren individuellen Denkbedürfnissen, Kunstinteressen, Neugierschwerpunkten usw. neu zusammensetzen mögen oder nicht. Nicht nur aus Bequemlichkeit wähle ich diese offene Form. Ich will und kann keine geschlossene Rede halten, keine einmalig feste These gegen den Rest der Welt vertreten. Viel umwerfend Neues werde ich ohnehin nicht zu sagen haben, aber das darf Sie am wenigsten stören. »Alles Gescheite ist schon gedacht worden, man muß nur versuchen, es noch einmal zu denken.« (Goethe).

Der Zyniker, nebenbei gesagt, würde an dieser Stelle sagen: Alles Gescheite ist schon gedacht worden, und man sieht ja, was dabei herausgekommen ist, also kann ich mir solches Nachdenken sparen und verachte die Trottel, die es immer wieder versuchen.

Versuchen wir also, das Gescheite noch einmal zu denken.

Sie merken schon, ich bin kein Fachmann für Definitionen. Mal spreche ich von Wörtern, mal von literarischen Wörtern, mal von Literatur. Und ich denke vor allem an die Literatur, wenn ich hier einige Gedanken zur »Zukunft der Wörter« vortrage. Aber ich spreche ganz bewußt von »Wörtern«, weil ich zuerst das Verständigungsmaterial meine, das in der Luft, auf der Straße, in den Büchern, in den Köpfen liegt, das Mittel, das Medium, das den Dialog ermöglicht, uns verbindet. Wenn ich lieber von den Wörtern rede als von Poesie, Dichtung oder

Literatur, dann deshalb, weil ich nicht so sehr vom stolzen oder einschüchternden Ergebnis eines »Werkes« ausgehen möchte, sondern den Prozeß betone, in dem sich die Wörter bewegen und bewegt werden. Außerdem möchte ich den Irrtum oder den Eindruck von Anmaßung einer alleinseligmachenden Literatur nicht aufkommen lassen – es gibt schließlich auch neben der Literatur ein paar andere Wege, über die Wörter existenzielle Erfahrungen zu machen.

Aber die Wörter sind mehr als Werkzeug und Mittel, sind nicht Statisches, nicht bloße Transmitter von Informations- oder Kommunikationspartikeln – sie entwickeln, je nach Setzung, ihre eigene Dynamik. Sie lösen sich erst ein in der Verknüpfung, in der Rede, die das Erfahrene zu formen versucht und so zu Sprache wird.

»Die Wörter« schreibt Jürgen Theobaldy in seinem Essay »Offene Räume«, »sind nicht nur Einheit von Laut und der je eigenen Vorstellung eines Sprechenden von dem, was sie bezeichnen, sie zeigen auch ein Ansinnen in sich: Wir müssen sie verstehen, sonst können sie keine Geschichte erzählen, keine Erkenntnis mitteilen und kein Erlebnis gestalten. Aber die Wörter spiegeln das materielle Draußen weder im Verhältnis eins zu eins noch sind die Gegenstände maßstabsgetreu in sie eingezeichnet.« Das ist ein Problem der Logiker, zum Glück nicht das der Autoren, der Dichter, im Gegenteil, es ist sogar ihr Vorteil.»Denn,« ich zitiere weiter,»die Sprache als Ganze verzerrt. Von Anfang an war sie Deutungsversuch, ein Lesen aus den Sternen und Eingeweiden, ein Auslesen als Treffen einer Wahl aus lautlichen und bald auch semantischen Möglichkeiten, entwickelt gegen die lockende Feindseligkeit der Welt, um deren Geheimnisse zu beschwören und zu erklären, um sich ihr zu verständigen, um sie in Besitz zu nehmen, zu beherrschen.

15

In keinem anderen als dem poetischen Sprachgebrauch werden die Wörter in allen ihren Bedeutungsmöglichkeiten gesetzt, den aktuellen und vergessenen, den eben sich abzeichnenden und den erst noch zu gewinnenden.«[3] Die zeitsprengende Kraft der Wörter – mit diesem Stichwort möchte ich überleiten zu meinen Erfahrungen. Auch wenn ich mich hüte, diese Erfahrungen auf andere, auf die lesende oder potentiell lesende Gesellschaft zu übertragen, muß von ihnen die Rede sein. Denn zur Sache, zu dieser Sache läßt sich vernünftig nur subjektiv sprechen. Woher also dies merkwürdige libidinöse Vertrauen in die Wörter?

O Täler weit, o Höhen. Manchmal sehe ich mich, den Sechzehnjährigen, in Korbach mitten im Waldecker Land an einem schmalen Schreibsekretär sitzen und an einem Hausaufsatz arbeiten. Das Thema war frei gestellt, der Aufsatz sollte mit Bildern, Zeichnungen usw. angereichert sein. Ich schrieb über die Schule, die ich Monate vorher auf Druck der finanziellen Argumente der Eltern hatte verlassen müssen, Melanchthon-Schule Steinatal, ein Internat im Kreis Ziegenhain, heute Schwalm-Eder-Kreis, wo ich mich trotz schwächster Leistungen wohlgefühlt hatte, weil hier literarische, politische, musikalische, sportliche Interessen und die Keime erster Liebe und Freundschaft erwachten. In dem Aufsatz pries ich alles, was ich verloren hatte, und am meisten die herrlichen Wälder ringsum, hessisches Mittelgebirge. Die Wälder deshalb, weil ich, schüchtern und hilflos in meiner pubertären Fernliebe zu einem der begehrtesten Mädchen der Schule, außer einem Freund nur den Bäumen von dieser Liebe erzählt hatte. Das konnte ich im Aufsatz nicht schreiben, aber für meine Gesprächspartner, die Bäume und Wälder, war mir keine Schwärmerei zu hoch und zu schade, und ich steigerte sie, indem ich Eichendorff zitierte:»O Täler weit, o

Höhen, / O schöner, grüner Wald, / Du meiner Lust und Wehen / Andächt'ger Aufenthalt! / Da draußen, stets betrogen / Saust die geschäft'ge Welt, / Schlag noch einmal den Bogen / Um mich, du grünes Zelt!« Die Verse trafen viel von dem, was ich meinte, ich war hingerissen, daß Eichendorff etwas von meinen Gefühlen formuliert hatte, ich beneidete den Dichter um die Fähigkeit, mit seinen Worten meinen Seelenzustand zu erfassen. Und doch wuchs ein winziges Unbehagen: diese erste Strophe des 150 Jahre alten Gedichts traf fast alles, aber die zweite, dritte, vierte setzten wieder andere Akzente, und auch die erste deutete nichts an von der verdrückten Liebe, kurz, etwas fehlte, für das ich selbst noch viel weniger Worte hatte als Eichendorff. Kurze Zeit darauf schrieb ich mein erstes Gedicht.

An jenen Text und an fast alle ersten Versuche kann ich mich nicht erinnern, kein Wort. Ich habe sie alle, außer den wenigen in Schülerzeitungen und Schülersendungen veröffentlichten, in einem Berliner Kachelofen verbrannt, als mein erster Gedichtband »Kerbholz« 1965 erschienen war. Aber an das Gefühl, das ich mit diesen Texten gewann, erinnere ich mich sehr präzise: etwas zu formulieren, was andere nicht vorformuliert hatten oder was ich bei anderen nicht entdeckt hatte, verschaffte ein ungekanntes Glücksgefühl. Auch wenn es läppisch epigonal war, ich entdeckte nur das Eigene darin.

Die meisten von Ihnen, die in der Pubertät oder danach Gedichte geschrieben haben, kennen diese Form der Selbstbestätigung, und selbst wenn ich sie narzißtisch nenne, kann ich daran nichts Schlechtes sehen. Auch wenn man nichts literarisch Neues erfindet, man findet doch etwas Neues von sich, und vielleicht erfindet man sogar sich selbst im Schreiben. Ein Verlust mußte kompensiert werden, eine Sehnsucht verwandelte sich in Wortsucht, ein ganz natürlicher Vorgang, den Sigmund Freud in seinem Aufsatz »Der Dichter und das

Phantasieren« so zuspitzt:»Man darf sagen, der Glückliche phantasiert nie, nur der Unbefriedigte.« Da irrte Dr. Freud, der Glückliche phantasiert auch nicht schlecht, aber der interessiert jetzt nicht.»Unbefriedigte Wünsche sind die Triebkräfte der Phantasien, und jede einzelne Phantasie ist eine Wunscherfüllung, eine Korrektur der unbefriedigenden Wirklichkeit.«[4]. Die meisten, die so anfangen, hören mit neunzehn oder zwanzig, spätestens im Studium oder Beruf wieder auf zu schreiben. Warum? Sind ihre Wünsche befriedigt oder ihre Triebkräfte zu den verbal ausgeschmückten Phantasien zu schwach? Andere, wenige hören nicht auf (die machen immer so weiter und werden dann – wie Tucholsky sagt, die deutschen Dichter und sitzen im Romanischen Café herum). Aber warum? Sind es immer die, die bei den Mädchen oder bei den Jungens Pech haben, schlecht im Sport und unmusikalisch sind? Oder haben sie den falschen Ehrgeiz, irgendwann Eichendorff einholen und überholen zu wollen? Ich meine eher, daß sie, aus welchen Gründen immer, einen Überschuß unterdrückter Gefühle haben und mit den beim Schreiben freigesetzten Phantasien vorübergehend zu einem inneren Gleichgewicht finden. Ein Gleichgewicht, das für die täglichen Balanceakte über dem inneren und äußeren Chaos lebenswichtig werden kann. Sie spüren vielleicht schon das Glück, von der Wirklichkeit fortzustreben und»große Affektbeträge« (Freud) in eine andere, also zukünftige Welt des Schöpferischen (der Form) zu verlagern.

Joseph Brodsky, der russisch-amerikanische Lyriker und Essayist, hat das in seiner Nobelpreisrede so beschrieben: »Jemand, der ein Gedicht schreibt, tut dies vor allem, weil das Schreiben von Gedichten den Geist, das Denken und das Erfassen des Universums auf außerordentliche Weise beschleunigt. Wer diese Beschleunigung einmal am eigenen Leib erlebt hat, ist nicht länger in der Lage, auf die Chance einer

Wiederholung dieses Erlebnisses zu verzichten: Er wird abhängig von diesem Schaffensprozeß, so wie andere abhängig werden von Drogen oder Alkohol. Wer in dieser Weise abhängig ist von der Sprache, ist das, was man einen Dichter zu nennen pflegt.«[5] Erste Erfahrung: Das Potential der Wörter enthält das Potential der Wünsche.

»ich habe mit dem tod gesprochen«. Einen zweiten Aspekt möchte ich ebenfalls an einem frühen, nicht mehr vorzeigbaren Gedicht verdeutlichen. Als ich siebzehn war, schrieb ich ungefähr 18 bis 25 Zeilen mit dem Titel »ich habe mit dem tod gesprochen«, wie alle Texte ohne Großbuchstaben von Hand in ein Heft. Mein Vater lag damals krank, noch zu Hause, dann im Krankenhaus, und starb nach einigen Monaten an einer Leberzirrhose, Folge des Krieges. Als ich den Text schrieb, war von Todesgefahr noch keine Rede. Neben dem Schlag des Todes – und allen ambivalenten Gefühlen dabei – begann mein Gedicht, Monate vorher verfaßt, mich nach dem Tod umso mehr zu erschrecken. Da mögen sich leicht die Todeswünsche des Sohnes gegen den Vater psychologisch zusammendeuten lassen, zumal es einige Gründe dafür gab, wie die Leser der Erzählung »Der Sonntag, an dem ich Weltmeister wurde« wissen werden. Heute würde ich sagen, daß erst der Tod des Vaters diesen Text für mich in ein Gedicht verwandelt hat. Es berührte und erschreckte mich, weil es etwas aus der Zukunft vorweggenommen hatte. Weil es, obwohl es gewiß so epigonal schäumte wie die anderen Texte, mehr von mir wußte als ich wußte, weil es mir etwas von meiner destruktiven und depressiven Seite verriet. Weil ich über ein geheimnisvolles Instrumentarium verfügte, das mehr Kräfte und Wissen freisetzte als ich investiert hatte. Weil hier eine Wahrheit lag, die nicht beabsichtigt, nicht erstrebt war. Das Ge-

dicht hatte die Wirklichkeit überholt. Es ist kein Zufall, daß ich von all diesen frühen lyrischen Versuchen nur diese eine Zeile im Gedächtnis behalten habe. Erst heute, beim Nachdenken über diesen Schock – und es ist das erste Mal, daß ich darüber spreche – kommt es mir vor, als wäre dieses kleine Gedicht, neben den bald folgenden ersten Anerkennungen, dafür verantwortlich, daß ich von nun an vom Schreiben nicht mehr lassen wollte. Ich erfuhr, zu meinem freudigen Erschrecken, die antizipatorische Kraft der Wörter, Wahrheit vorwegnehmen zu können. Zweite Erfahrung: Das Potential der Wörter enthält das Potential Wahrheit.

Meine Siemens-Welt. Elf, zwölf Jahre später sitzt einer, nun schon mit dem Epitethon »junger Autor« und drei schmalen Büchern auf dem Markt vertreten, nebenbei Lektor im Verlag Klaus Wagenbach, am Traumort aller deutschen Künstler, in Rom, in der Villa Massimo. Er nähert sich der italienischen, der römischen Kultur, der ungewohnten Sprache, dem ungewohnten Essen, den ungewohnten politischen Temperamenten, aber er schreibt fast nichts darüber. Draußen blauer Himmel, und im riesigen Atelier kämpft sich einer durch Firmenschriften, Bilanzen, historische Werke und übersetzt das gefundene Zahlen- und Faktenmaterial aus der Welt der Wirtschaft in satirische Sätze. Er wühlt sich durch fremde, häßliche, spröde, unbiegsame Wörter, schleift sie, dreht sie, zerschneidet sie, kitzelt sie. Er versucht, Herr über diese scheußlichen, extrem unpoetischen, unliterarischen Wörter zu werden, bis Funken und Witz aus ihnen schlagen. Er ist kein Wirtschaftsfachmann, mehr als allem andern muß er seiner Sensibilität gegenüber den Wörtern trauen. Aber er bleibt besessen, ein äußerst ehrgeiziges Projekt zu realisieren: Ist es möglich, die Vergangenheit und die aktuellen Tätigkeiten des größten deutschen Wirtschaftsunternehmens mit 300.000 Mitarbeitern und einer unendlichen Produktpalette mit dem schlichten Mittel der Wörter zu erfassen, noch dazu kritisch? Es gibt wahrlich schönere Tätigkeiten unter dem Himmel von Rom, aber denken Sie bitte nicht, das sei keine literarische, keine dichterische Tätigkeit gewesen.

»Ein Dichter«, sagt Elias Canetti, »wäre also einer, der von Worten besonders viel hält, sich unter ihnen so gern, ja vielleicht lieber umtut als unter Menschen, sich beiden ausliefert, aber doch mit mehr Vertrauen den Worten, diese von ihren Sitzen wohl auch herunterzerrt, um sie mit umso größerem Applomb wieder einzusetzen, sie befragt und betastet, streichelt, zerkratzt, hobelt, bemalt, ja, dazu imstande ist, nach all seinen intimen Frechheiten sich in Ehrfurcht vor ihnen wieder zu verkriechen. Selbst wenn er, wie oft, als Übeltäter am Worte erscheint, so ist er auch dann ein Übeltäter aus Liebe.«[6]

Einige von Ihnen kennen vielleicht das Ergebnis, die satirische Festschrift »Unsere Siemens-Welt«. Sie war, um nur diesen Aspekt herauszugreifen, wohl der Härtetest für meine Liebe zu den Wörtern. Geplant war neben der politischen Aufklärung ein literarisches Experiment: gibt es eine halbwegs überzeugende literarische Form zur Darstellung eines so spröden Gegenstandes wie eines Konzerns, einer Aktiengesellschaft?

Mit den einfachen Mitteln war etwas gelungen, was ich erst später begriff: ich hatte die semantische Einheit Siemens neu geordnet, also zerstört. Der Effekt war verblüffend, mit der Macht über die Konzern-Wörter hatte ich ein Stück Macht über diesen Weltkonzern gewonnen. Siemens mußte ein Team von Experten, Staranwälten und Zeugen aufbieten, die alles bis zur Erpressung daran setzten, mir diese Macht wieder zu nehmen und die zerstörte semantische Einheit Siemens von zwei Gerichtsinstanzen wieder reparieren zu lassen. Es ist ihnen nicht gelungen. Im Gegenteil, sie förderten mein Selbstbewußtsein, bewiesen mir, daß ich über einen Weltkonzern *sprachlich* verfügte. Sie schluckten mich nicht, wohl aber andere – Firmen.

Gewiß ein extremes Beispiel, aber hier hat im verzerrenden Großformat etwas stattgefunden, was viele Autoren manchmal spüren: Was ich benennen kann, vermag ich schon fast zu beherrschen. Die Wörter, obwohl nur aufgelesen und zusammengesammelt, schreib ich allein. Aber sie bewirken mehr als ich beabsichtige. Neu zusammengesetzt werden sie neu aufgeladen. Sie sind auf Reaktion, auf »Entladung«, auf Antwort aus, also können sie Einfluß haben, im Extremfall sogar Macht.

Dritte Erfahrung, dritter Aspekt: Das Potential Wörter enthält das Potential Einfluß und Macht.

Der Sonntag, das Chaos. Ein Sprung ins Jahr 1993, diesmal der Versuch, sich erzählerisch den eigenen Widersprüchen, den Wurzeln des Schreibens zu stellen. Die Arbeit an der Erzählung »Der Sonntag, an dem ich Weltmeister wurde« war die bislang schwerste, aber auch die mit dem größten persönlichen Gewinn. Der Fußball, die Beschreibung eines hessischen Dorfs und des Pfarrhauses in den fünfziger Jahren, die Martyrien der Religion in einem Kinderleben sind die eine Schicht dieser Erzählung. Auf einer anderen nähert sich der Autor seinen eigenen Sprachschwierigkeiten, dem Sprachzweifel und der Sprachlust. Ein Versuch, die eigenen Nöte zu beschreiben und das eigne Chaos zu ordnen und möglichst produktiv zu machen.

Der Dichter, sagt Canetti, »ist der Welt am nächsten, wenn er ein Chaos in sich trägt, doch fühlt er, davon sind wir ausgegangen, Verantwortung für dieses Chaos, er billigt es nicht, es ist ihm nicht wohl dabei, er kommt sich nicht großartig vor, weil er für so viel Gegensätzliches und Unverbundenes Platz hat, er haßt das Chaos, er gibt die Hoffnung nicht auf, es für die anderen und auch für sich selbst zu bewältigen.«[7] Die Arbeit des Ordnens, auch der eigenen Geschichte, ist immer von Zweifeln durchsetzt, vom Zweifel angetrieben. Wer schreibt, gestatten Sie mir bitte auch noch diese Banalität, kann sich nicht gut selbst belügen, muß wahrhaftig sein gegenüber seinen Gefühlen und Erfahrungen, braucht darum das ständige Widerspiel zwischen Ordnung und Zweifel, zwischen Chaos und Form. Vielleicht ist es die subjektive Unruhe, sich selbst und alles immer wieder in Zweifel zu ziehen, die dann doch zu etwas führt, nicht zu einer falschen Selbstgewißheit, sondern, wenns gut geht, zu einer gewissen Ich-Stärke. Verlassen wir diese analytische Ebene und halten als vierte Erfahrung fest: Das Potential Wörter enthält das Potential Ordnung/Zweifel.

Potentiale. Ganz kurz noch ein fünfter Aspekt, den ich wohl nicht an einem Beispiel erklären muß, den Sie mehr oder minder deutlich in jedem meiner Bücher finden können: das Potential Spiel & Spott, Vergnügen, Fragen, usw.

Alle genannten Potentiale, es gibt sicher noch andere, zielen auf Zukunft, auf ein Versprechen, vielleicht auf die Illusion oder die Phantasie einer Alternative, zielen immer auf etwas, was noch nicht ist. Sie haben wohltuende therapeutische Effekte und deshalb drängen sie den, der davon profitiert, immer weiter, zum nächsten Satz, zum nächsten Projekt. Die Potentiale haben eines gemeinsam: sie sind gegen einen Mangel, gegen verschiedene Mängel gerichtet. Sie deuten an, daß da jemand mit dem Status quo nicht einverstanden ist, daß da jemand von der Stummheit zur Sprache, von der Lüge zur Wahrheit, vom Monolog zum Dialog will und die eigenen Widersprüche überbrücken möchte. Ob das literarische Mittel, das diesen Impulsen Form gibt, nun angemessen oder mißlun-

23

gen ist, scheint mir vorerst nebensächlich – denn die ersten Erfahrungen mit den Wörtern, von denen ich berichtet habe, hatten nur wenig, also gar nicht mit Literatur zu tun und sind dennoch, mit Joseph Brodsky zu sprechen, die Einstiegsdroge ins Schreiben gewesen.

Wo bleibt der Zyniker? Über Erfahrungen beim Schreiben, über unverhoffte Begegnungen mit den eigenen Möglichkeiten und über den subjektiven Gewinn an Potentialen sprechend habe ich ganz nebenbei fünf Gründe genannt, weshalb es mir schwer fällt, ein Zyniker zu werden. Um das besser zu erklären und hier nicht nur mit Pappkameraden zu arbeiten, muß ich noch einmal genauer zu bestimmen versuchen, was ich unter einem Zyniker bzw. Zynismus verstehe.

Der Philosoph Peter Sloterdijk hat 1983 eine fast tausend Seiten starke »Kritik der zynischen Vernunft« vorgelegt, nicht alle Seiten, aber doch einige hundert habe ich gelesen. Sloterdijk definiert Zynismus als das »moderne unglückliche Bewußtsein, an dem die Aufklärung zugleich erfolgreich und vergeblich gearbeitet hat«[8]. Der moderne Zyniker ist danach »ein integrierter Asozialer, der es an unterschwelliger Illusionslosigkeit mit jedem Hippie aufnimmt ... eine gewisse schicke Bitterkeit untermalt sein Handeln.«[9] Sloterdijk beschreibt den Zynismus als Weltprozeß – und die zynische bzw. kynische Reaktion der Philosophen und Künstler darauf. Für ihn ist dieser philosophische Zynismus eine legitime Fortsetzung der Aufklärung.

Wenn ich, zwölf Jahre später, vom Zyniker rede, meine ich nicht den philosophischen Zyniker oder den mit satirischen, zumindest ironischen Fähigkeiten ausgestatteten Denker, sondern den typischen Zeitgeistvertreter der neunziger Jahre. Vor zwanzig oder vierzig oder siebzig Jahren mag der Zyniker noch ein Geist von höheren Graden, vielleicht ein Weiser gewesen sein. Heute, da die Katastrophen Normalität und das Normale die Katastrophe ist und die Mißachtung des andern und seiner Gefühle oder die Verletzung der Konvention das übliche Verhalten, ja Grundlage der gesellschaftlichen Dynamik sind, scheint mir der Zynismus eine besonders komfortable Haltung zu sein.

Begünstigt wird sie dadurch, daß wir mit Informationen überschüttet werden und alles, was in der Welt geschieht, auf Knopfdruck in unsere Bewußtseinsbahnen einspeisen können. Es scheint mir ziemlich natürlich, wenn auf diese permanente Überforderung, die uns eher ratlos als informiert macht, mit Abwehr und Mißachtung reagiert wird, wenn Gleichgültigkeit gegenüber den vielen anderen Menschen wächst oder in depressive Neigungen mündet, die hin und wieder zynische Entladungen brauchen.

Aber es gibt vielleicht noch tiefere Gründe. Seit es sich überall herumgesprochen hat, welchem Selbstbetrug unsere Gesellschaft ihr Funktionieren verdankt – daß wir auf Kosten unserer Kinder leben (Schulden), daß wir mehr denn je auf Kosten der Menschen der Dritten Welt leben, daß wir auf Kosten der Umwelt leben –, seit diese Tatsachen zu Gemeinplätzen geworden sind und »der Abschied vom Omnipotenzwahn des Industriezeitalters«[10] ansteht, gelten diejenigen als hinterwälderisch, »politisch korrekt« oder widerwärtig »gut«, die ab und an darauf hinweisen. Seitdem hat der Zynismus viel Freiraum gewonnen. (So wichtig es war und ist, political correctness anzuprangern – es ist nicht zu übersehen, daß dies längst wieder zur Phrase und zur Ausrede geworden ist, zentrale politische Fragen einfach auszublenden.) Eine veränderte Einstellung zu sozialen Fragen, der immer größere Gegensatz zwischen Luxus und Elend, das Auseinanderdriften der Gesellschaft, deren heimliches Motto laut Reinhard Kahl »Nach uns die Sintflut!« heißt, alle diese Veränderungen der letzten Jahre fördern die Hochkonjunktur für Zyniker. Wäre ich ein Professor, würde ich hier von Paradigmenwechsel zu sprechen wagen: Die zynische Haltung ist alltäglich, beinah schon zum common sense der Gesellschaft geworden.

Dieser strukturelle Zynismus treibt den Schriftsteller Kurt Drawert zu dem Satz: »Nichts ist mehr zynisch, dachte ich bei mir, denn es gibt die intakte Vergleichswelt nicht mehr, durch die ein Zynismus als Zynismus erscheint ...«[11].

Nennen wir also im Unterschied zu Sloterdijk einen gemeinen Zyniker den, dem der mißachtende Blick der bequemste ist, dem alles egal ist außer seiner egoistischen Abgrenzung gegen andere. Der sich den Perspektiven, die außerhalb der seinen oder seiner Interessen liegen, gar nicht mehr stellt. Der die verachtet, die nicht allein an sich denken. Der einen hohen Aufwand an »emotionaler Verleugnung« treiben muß. Der nicht mehr fragt. Der alles im voraus weiß. Kurz, der im Denken verarmte Besserwisser. Zynismus scheint mir die wohlfeilste Geisteshaltung zu sein, die heute zu haben ist, ein einfaches Mittel, sich den Anschein von Überlegenheit und Durchblick zu geben. Zynismus ist der Zeitgeist, der sich einbilden möchte, gegen den Zeitgeist zu sein.

Eine andere Frage ist, ob die Welt überhaupt auszuhalten ist ohne eine Portion Zynismus. Jeder Mensch schneidert sich aus der vielfältigen Wirklichkeit ein den individuellen psychischen Möglichkeiten, den eigenen Erfahrungen und Fähigkeiten angemessenes Bild von der Welt und grenzt sich ab gegen alles »Andere«, »Fremde«, »Schwierige«, »Dumme«. Das Bedürfnis nach Eindeutigkeit, Bequemlichkeit und Egoismus ist sehr begreiflich, vielleicht die einfachste und ängstlichste Reaktion auf die Moderne. Zynismus, wie ich ihn verstehe, wird eine solche Haltung erst dann, wenn sie überheblich und selbstgefällig wird. Wenn nicht mehr gefragt wird, ob es nicht weiterhin Kriterien geben sollte für wahr und falsch, gerecht und ungerecht, gut und böse (keine starren Dogmen, sondern immer wieder zu prüfende und zu diskutierende Kriterien). Diese Haltung ist eine Versuchung, wie Albert Camus 1950 in sein Tagebuch schrieb, und auch der, der meint, kein Zyniker zu sein, kennt sie. »Meine beständigste Versuchung, gegen die ich unablässig einen erschöpfenden Kampf geführt habe: der Zynismus.«[12] Camus insistiert auch noch in einem anderen Satz auf diesem Zusammenhang: »Es besteht kein Zweifel, daß jede Moral ein wenig Zynismus nötig hat. Wo liegt die Grenze?«[13]

Wo liegt die Grenze? Und gibt es nicht Gründe genug, Pessimist und darum auch Zyniker zu sein? Claudio Magris hat kürzlich in einem kleinen Aufsatz die Frage gestellt »Was könnte eine selbstironische Aufklärung vom Pessimismus der Rechten lernen?«. Dabei hat er, als wolle er Camus antworten, eine wichtige Unterscheidung getroffen:

»Im Pessimismus liegt eine tiefe Wahrheit. Die auf Geschichte und Politik angewandte Ideologie des Pessimismus ist jedoch eine plumpe Taktlosigkeit. Sie stellt – auch wenn sie subjektiv unschuldig ist – objektiv eine Kumpanei mit den Dingen dar, wie sie sind, eine Kumpanei auch mit den Hierarchien der Macht.«[14]

So wäre der Zyniker ein Stiefbruder des Ideologen, auch wenn er sich noch so antiideologisch gibt (ich bleibe übrigens nicht nur hier gern in der männlichen Form, schon weil das männliche Geschlecht auf diesem Feld eine starke Mehrheit hat). Er liebt das Eindeutige und ordnet sich, wie der Ideologe, das Durcheinander der Welt auf arrogante Weise unter einer, nämlich seiner, Perspektive. So arbeitet er daran, Widersprüche abzuschaffen oder auszugrenzen. Kunst aber lebt genau vom Gegenteil: Widersprüche werden nicht zugedeckt, eher verschärft oder provoziert.

Deshalb liegt das Gegenteil des Zynismus für mich nicht im Moralismus einer »Betroffenheit« oder allumfassender Nächstenliebe, sondern erstens in der Kunst und zweitens, erschrecken Sie nicht, im Humor. Humor, den ich im Sinn von Jean Paul verstehe als »die Frucht einer langen Vernunfts-Kultur«[15] – also die Stärke, Widersprüche auszuhalten und in der eigenen Person zu bändigen, und die Fähigkeit, Komik zu erkennen, wo andere nur Panik und Untergang sehen. Oder, nach Freuds Definition, »Ähnlichkeiten zwischen Unähnlichem, also versteckte Ähnlichkeiten zu finden.«

Hier haben Sie die beiden wichtigsten Gründe, weshalb es mir so schwer gelingt, Zyniker zu werden.

Aber gibt es nicht, um auch diesen Widerspruch noch aufzugreifen, eine reiche, wunderbar zynische Kunst und vor allem Literatur? Und müßte man nicht eher in der deutschen Literatur einen Mangel an Zynismus und zynischen Helden beklagen?

Gewiß. Ich wiederhole also, daß ich zu unterscheiden versuche zwischen einem (intellektuellen, poetischen) Zynismus der *Abgrenzung* gegen Konventionen (etwa bei Gottfried Benn) und einem Zynismus der *Anpassung* an Konventionen. Heute ist Zynismus, wie ich schon gesagt habe, eher eine Form der Anpassung an Konventionen. Die Übergänge sind fließend, vielleicht wird jemand einmal genauere Definitionen liefern, mir kommt es erst einmal auf die grobe Beschreibung einer Tendenz an.

Noch einmal bitte ich Sie, diese Unterscheidungen nicht als moralische Wertungen zu nehmen, bei denen der, der hier gut reden hat, als der bessere Mensch dastehen soll. Wenn hier ab und zu ein Gegensatz zwischen Zynismus und Moral statt zwischen Zynismus und Kunst plus Humor aufleuchtet, dann deshalb, weil ich meine plumpe pädagogische Absicht nicht immer verbergen kann. Und da Sie die ohnehin durchschaut haben, darf ich sie nun offen aussprechen: ich möchte nicht, daß Sie zu simplen Zynikern werden. Und ich bin fast sicher, daß Sie es so schnell nicht werden, denn, so einfach ist das, Sie beschäftigen sich mit Literatur.

Ist das wirklich so einfach? Zyniker würden, mit der ohnehin verratzten Realität argumentierend, gegen die nur noch Spott helfe, die vorhin genannten Potentiale für relativ bedeutungslos halten. Würden den Austausch von (literarischen) Wörtern und entsprechende Intentionen, die in Richtung Wunsch, Wahrheit, Einfluß, Ordnung/Zweifel gehen, für überflüssig oder illusionär erachten. Zynikern bedeuten das Zukünftige, das Hoffnungsvolle, das Aktive wenig – sie profitieren vom schlechten Gegenwärtigen, von pessimistischer Wiederholung, von Starrheit, an der alles Bewegliche abprallt.

Es deutet aber einiges darauf hin, daß es eine Gegenbewegung zu dem strukturellen Zynismus der Gesellschaft gibt. Eine Suche nach persönlicher, unzynischer und floskelarmer Sprache.

Italo Calvino hat das schon vor Jahren konstatiert:»Je abstrakter und müder die politische Sprache wird, desto stärker spürt man das unausgesprochene Bedürfnis nach einer anderen, persönlicheren, direkteren Sprache. Auch nach einer provozierenden.«[16]

Manche suchen diese Sprache in der»unverdorbenen«, geschlossenen Terminologie einer Religion oder der Halbreligion eines Hobbies oder Spezialgebiets. Andere, und denen gilt hier die Aufmerksamkeit, suchen sie in der Kunst. Und diese Suche wird so bald nicht aufhören, jedenfalls solange öffentliche Lüge und Zynismus Hochkonjunktur haben. Der amerikanische Lyriker Allen Ginsberg sagt dazu:

»Die Regierung lügt, die Medien drücken menschliche Gefühle nicht aus. Die Medien sind zensiert, die Regierung zensiert sich selbst. So bleibt als einziger Ort, wo man öffentliche Wahrheit finden kann, der Austausch von Dichtung. Man kann Nachrichten nicht nur in der Zeitung finden, sondern auch in der Dichtung, emotionale Nachrichten.«[17] Das ist salopp formuliert, in einem Zeitungsinterview, es gibt hunderte ähnlicher Sätze von Hunderten von Autoren oder Theoretikern, aber hier ist in aller Kürze etwas Wichtiges gesagt, noch dazu von einem Zeitgenossen, der die elektronisch vermittelten Botschaften aufs beste kennt: Dichtung ist keine Lüge, ja das Gegenteil von Lüge. Die literarischen Wörter sind potentiell emotionale Nachrichten und Ort öffentlicher Wahrheit.

Fenster zum Chaos. An dieser Stelle könnte ich meine Überlegungen in einer flotten Formel zusammenfassen: Je mehr Lüge, Chaos, Zynismus, desto größer der Bedarf an Kunst, an (literarischen) Wörtern. Aber dies ist kein Automatismus im Sinn einer literarischen Verelendungstheorie. Ich will damit nur sagen, wo und warum die Wörter eine Zukunft haben.

Etwas anspruchsvoller drückt dies Cornelius Castoriadis aus:

»Die demokratische Schöpfung ist die Schöpfung eines grenzenlosen Zweifelns und Fragens: Wahr und Falsch, Gerecht und Ungerecht, Gut und Böse, Schön und Häßlich – alles gerät ins Wanken. Gerade darin besteht ihre Reflexivität. Sie durchbricht die Geschlossenheit der Bedeutung und gibt so der lebendigen Gesellschaft ihre *vis formandi* und *libido formandi* zurück. Und dasselbe tut sie auch im Privatleben, da sie ihrem Anspruch nach jedem die Möglichkeit gibt, den Sinn seines Lebens selbst zu erschaffen. Das setzt die Anerkennung der Tatsache voraus, daß es im Sein, in der Welt, der Geschichte und in unserem Leben keine fertige ›Bedeutung‹ gibt, die bloß wie ein Schatz gehoben werden müßte. Vielmehr müssen wir die Bedeutung auf einem bodenlosen Boden selbst erschaffen, auch müssen wir dem Chaos durch unser Denken, Handeln und Arbeiten Form geben, d.h. wir müssen akzeptieren, daß diese Bedeutung keinerlei ›Garantie‹ außerhalb ihrer selbst hat. ... Was die Kunst darstellt, sind nicht die Ideen der Vernunft, sondern das Chaos, der Abgrund, die Bodenlosigkeit, denen sie Form gibt. Und durch diese Darstellung ist sie ein Fenster zum Chaos: sie scheucht uns auf, beseitigt die stupiden Gewißheiten unseres Alltagslebens und erinnert uns daran, daß wir immer am Rande des Abgrunds leben.«[18]

Diese Gedanken sind festzuhalten in einer Gesellschaft, in der alles immer mehr auf den simplen Dualismus der binären Logik zu schrumpfen scheint: Ja-Nein, In-Out, On-Off, usw. Eine Gesellschaft, in der die Abgründe, von denen Castoriadis spricht, mit endlos angelieferten Bildern, Bildschrott, Wortmüll, Formeln und Floskelteppichen zugeschüttet werden sollen.

Ich behaupte, daß es dagegen Opponenten gibt, die sich ihrer Opposition oft nicht einmal bewußt sind, aber nach Ausgleichs- oder Widerstandsformen suchen gegen den Trend zur computergestützten Ja-Nein-Mensch-Maschine, die von der beschleunigenden Elektronik des Geldes angetrieben wird. Diese Opposition wird, auch wenn sie wächst, immer eine Minderheit bleiben. Literatur, und daran zweifle ich nicht, gehört im weitesten Sinn zu dieser Opposition und kann ein Widerstandspotential gegen den Trend sein – und schon deshalb hat sie, haben die Wörter eine Zukunft.

Noch einmal: Trotz allgemeinen Krisengeredes finden die Künste heute mehr und mehr Zulauf – weil sie attraktive Orte nicht-entfremdeter Tätigkeit und nichtlinearer Wahrnehmung sind. Mein Thema ist die Literatur und deshalb will ich deren Spezifika noch einmal betonen, ohne andere Kunstformen damit ignorieren oder abwerten zu wollen. Gerade die Literatur hat mehr zu bieten als viele Literaturfachleute meinen. Wenn Sie meditieren wollen, können Sie eine komplizierte Meditation lernen – oder lesen. Wenn Sie auf Cyberspace scharf sind, können Sie sich den Datenhandschuh überstreifen und die Bildbrille aufsetzen – oder das gleiche Feeling, falls Sie begabt sind für Feeling, mit dem Aufschlagen eines Buchs erreichen. Ob Sie einen Abenteuerurlaub oder Bildungsurlaub suchen, die Literatur bietet beides, äußerst preisgünstig. »Vorsicht! Lesen gefährdet Ihre Dummheit«, verkündet das Kulturamt Freiburg. »Wer nicht liest, kennt die Welt nicht«, Arno Schmidt. Kurz, die Literatur braucht sich nicht zu verstecken, nur weil sie kein neues und kein teures Medium ist und weil üblicherweise die neuen und teuren Markenartikel am begehrtesten sind.

Manchmal wünsche ich mir, daß wenigstens die Literaturvermittler diesen Zusammenhang begriffen und wenigstens nebenbei ihre Aufgabe darin sähen, diese Attraktionen sichtbar zu machen!

Für dieses Kapitel verabschiede ich mich mit einer Adresse an Sie, die Sie sich für Literatur interessieren. Ich hoffe, Ihnen deutlich gemacht zu haben, daß Sie nicht etwa, wie Sie vielleicht schon selber glauben, die letzten, luxurierenden Anhänger einer aussterbenden Kunstform sind. Sie sind vielleicht nicht schlauer als andere. Aber Sie *wollen* mehr wissen über das Leben als die anderen, Sie wollen sich in Frage stellen lassen, Sie geben sich nicht mit schnellen Antworten zufrieden. Sie lassen sich verlocken, ja verführen durch die *schöne* Literatur. Sie suchen das Vielfältige, nicht das Einförmige. Sie wissen, daß menschliches Leben sich nicht auf Ja-Nein, Gut-Böse usw. oder auf Formeln reduzieren läßt. Kurz, und fallen Sie nicht vom Hocker, Sie gehören zur Avantgarde!

Warum ich kein
»politischer Autor« bin
oder
Die Bereicherung der Literatur
durch politisches Bewußtsein

Wenn Sie mich ärgern wollen, brauchen Sie mich nur »politischer Autor« zu nennen. Traut sich jemand? Damit Sie nicht denken, Sie müßten hier bestimmte Vermutungen oder Behauptungen über mich unterdrücken, werfe ich diesen Begriff selbst in die Arena und versuche in aller Ruhe zu erklären, warum dieses Attribut vor der Berufsbezeichnung Autor, warum also das schmückende Beiwort »politisch« mich stört und warum ich es fast für denunzierend halte.

Zunächst einmal habe ich etwas gegen Schubladen. Welche Autorin, welchen Autor auch immer Sie sich vorstellen, Sie erleichtern sich den Zugang zu deren Werk niemals dadurch, daß Sie ihn oder sie mit einem einzigen Begriff katalogisieren. Damit wird mehr verwischt als geklärt, und kein Autor mag es, wenn seine Eigenart und Vielstimmigkeit unter dem Stein eines Schlagworts begraben wird.

Außerdem verrät solch ein pauschalisierendes Adjektiv immer etwas von seinem Benutzer, nämlich eine mit Dummheit gepaarte Respektlosigkeit. Würden Sie Martin Walser als »psychologischen« Autor, Enzensberger als »soziologischen«, Günter Grass als »teils historischen, teils erotischen« oder Wolfgang Koeppen wegen seiner Todesthemen als »thanatologischen« abbuchen oder Peter Weiss als »pädagogischen«? Ähnlich ist es mit »politisch« oder »unpolitisch«. Literatur stellt Leidenschaften dar, aus höchst individuellem Blickwinkel in individueller Sprache – und jeder summierende Begriff trifft nichts, außer einen beleidigten Autor.

Vorurteile. Das Schlagwort »politischer Autor« ist sogar noch einengender, denn es birgt zusätzlich einen ganzen Haufen Vorurteile. Die simpelste Unterstellung ist: da schreibt jemand aus einer bestimmten politischen, vielleicht sogar parteipolitischen Ecke heraus, sei also für alles andere blind. Nicht viel schmeichelhafter ist das Bild vom »politischen Autor«, der anklagende Absichten verfolgt oder mit seinen Büchern etwas Bestimmtes beweisen will – solche Autoren gab es, gibt es, aber ich habe es, wenn mich nicht alles täuscht, selbst während der Hochphase der politisierten (belletristischen) Literatur im Zuge der Studentenbewegung der späten sechziger Jahre im Zweifel eher mit dem Satz von Anton Tschechov gehalten: »Ein literarisches Werk muß nichts beweisen. Es hat seine Aufgabe erfüllt, wenn es ... eine Frage aufwirft.« [1]

Zum Dritten, das Adjektiv »politisch« suggeriert, dieser Autor sehe alles nur durch eine politische Brille, sei also nicht offen für andere Aspekte. Er mag als politisch redlich oder borniert eingeschätzt werden, belächelt wird er in jedem Fall. Ob ausgesprochen oder nicht, die einen werfen ihm eine Verengung aufs Politische vor – und andere Leute bewundern ihn gerade dafür. Beide Fraktionen, die antipolitische wie die politische, haben unrecht. Beide, verzeihen Sie, sind mir von Herzen zuwider. Die einen, für die »politisch« eher negativen Beigeschmack hat, weil sie die mögliche Bereicherung der Literatur durch politisches Bewußtsein unterschätzen. Die anderen, die einem das Etikett »politisch« wie einen Orden anheften wollen, weil sie für die Eigenarten des Literarischen ziemlich blind und vor allem auf »Inhalte« fixiert sind.

Erfassen, erfassen. Bei solchen Gelegenheiten werfe ich gern einen Satz von Jean Paul Sartre unter die Leute:»Es geht nicht um den Inhalt (...), es geht um das Erfassen der Welt (...).«[2] Mir gefällt das Schlüsselwort »erfassen«, weil es weder eine inhaltliche noch eine formale Festlegung bedeutet und doch beide Elemente geradezu gestisch umschließt. Etwas Ähnliches meinte wohl auch André Gide, wenn er Anno 1894 sagte: »Soviel Menschheit auf sich nehmen wie möglich. Das ist eine gute Formel.«[3] »Welt«, »Menschheit«, geht es nicht ein bißchen bescheidener? Geduld, ich werde versuchen, diese Begriffe in kleinere Einheiten, in meine Wörter zu übersetzen. Wenn der Begriff politisch als Bezeichnung für einen Autor überhaupt einen Anflug von Berechtigung hat, dann nur in dem Sinn, daß dieser Autor, ich spreche jetzt der Einfachheit halber von mir, daß ich mich bemühe, möglichst viel von dem, was meine, was unsere Welt ist, zu erfassen und dabei selbstverständlich gesellschaftliche und politische Fundamente, auf denen sich die Subjekte wie schwankend auch immer bewegen, nicht vergesse. Es mag sogar sein, daß ich die Reibungen zwischen den objektiven Gegebenheiten einer Gesellschaft und den Subjekten, den Roman-Personen oder Gedicht-Ichs, zum Thema mache, daß ich Menschen, die in politisch aufregenden Zeiten agieren, zu Figuren eines Buches mache, was aber nicht heißt, daß ich dabei alles andere, Liebe, Tod und Leidenschaft, psychische, psychologische oder, Vorsicht, meteorologische Aspekte ignoriere. Nur in diesem Sinn könnte ich, wenn es ausnahmsweise einmal oberflächlich zugehen muß, die Bezeichnung politischer Autor akzeptieren. Aber nur, wie gesagt, in dem weitesten und erweiternden Sinn und nicht im verengenden der beiden Fraktionen, der politischen und der antipolitischen. Zum Ausgleich bestehe ich jedoch darauf, mit dem gleichen Ernst auch einmal als Verfasser von Heimatliteratur klassifiziert zu werden, siehe Ribbeck, siehe das hessische Dorf Wehrda (»Der Sonntag ...«), Bielefeld (»Adenauerplatz«), Köln (»Ein Held ...«), Wiesbaden (»Himmelfahrt ...«), Mecklenburg (»Der Spaziergang ...«), usw., von den vielen lokalen und geographischen Bezügen der Gedichte ganz abgesehen.

Aber, werden Sie sagen, ist nicht alles, was er geschrieben hat, von politischem Engagement geprägt? Macht er es sich nicht etwas einfach, indem er das nun herunterspielt? Ist das nicht ein opportunistisches Manöver, im Zeitgeistwind möglichst elegant aus der linken Ecke herauszukommen?

Nein, ich glaube nicht. So mögen Leute denken, die meine Texte nicht oder nur oberflächlich kennen. Trotzdem können wir ja einmal die Probe machen. Irgendwelche Gründe muß es ja geben, weshalb mich Freunde wie Feinde gerade in diese Schublade stecken.

Die Mauer muß weg! Ich will wieder in der grauen Vorzeit beginnen, bei einigen Schülergedichten. Auch zum heutigen Thema tragen diese Texte etwas bei.

Schon anderthalb bis zwei Jahre war ich der Heimlichkeit des Gedichteschreibens verfallen, als 1961, am 13. August, in Berlin die Mauer gebaut wurde. Zufällig, weil in einer Jugendliteratursendung des NDR gesendet, ist ein Gedicht erhalten, das ich am 14. August geschrieben habe und das mit der vierten Strophe so endet:

»morgen werden die Tage / den gestrigen Tag beim Schopfe ergreifen / weil der keine Sorgen sich machte / und ob das Ob im Morgengrauen siegen wird oder nicht / – worüber man lieber nicht spricht – / die Vereinigung für Volksmusik / wird das zweitletzte Wort behalten«

Dunkel ist der Rede Sinn, doch zumindest am Anfang und am Schluß dieser Zeilen ist die Ahnung des Achtzehnjährigen über die Bedeutung des Mauerbaus spürbar. Interessant für mich ist daran, daß die Empörung nicht in politische Floskeln flieht oder in einer deutlichen politischen Haltung Gewißheit sucht, obwohl ich mich gut an meine Empörung über Ulbricht und die Mauerbauer erinnern kann. Das Gedicht wollte sich mit einer einfachen, naheliegenden politischen Haltung nicht zufrieden geben.

Etwas weniger unbeholfen und im Bewußtsein etwas deutlicher, wie auf ein historisches Ereignis mit Sprache zu reagieren sei, ist ein anderer Text, ebenfalls vom August 1961:

»an einen Radiohörer / (auf die Frage, wie der 13. August in Zukunft zu begehen sei) // sing vom verschlingenden Plural / von den Orakeln der / Nachrichtensprecher die sie / täglich wechseln müssen wegen / der hektischen Milde bei Notsignalen // Gesinnung heißt die Parole / die sich zerknittert / in Papierkörben häuft // hol sie behutsam heraus / streiche sie glatt / und stell deine Frage noch einmal«.

Wenn ich den Autor richtig verstehe, sagt er bewußt nichts vom Schicksal der eingemauerten DDR-Bevölkerung. Also schon die Blindheit des Linken, der noch gar keiner ist? Nein, es ist eher die Reaktion auf die Reaktion auf die Mauer im Westen. Die Mauer war ja, kurz gesagt, für die Politiker im Westen deshalb nicht ganz unwillkommen, weil sie das deutlichste Sinnbild für die Überlegenheit des Westens und die Niedertracht und Unfähigkeit des Kommunismus lieferte. Durch alle berechtigte und ehrliche Empörung über die Mauer und durch die schnell zum Ritual gewordene Forderung »Die Mauer muß weg!« schimmerte schon damals eine Art Genugtuung oder Heuchelei durch. Das kleine Gedicht attackiert die schnellfertige, geheuchelte »Gesinnung«. Es bleibt im Westen. Es markiert ein historisches Ereignis, aber nimmt bewußt nur einen politischen Aspekt heraus, nämlich den, an dem der Verfasser vielleicht Änderung erhofft. Es attackiert nicht Ulbricht – und ich erinnere mich, wie gesagt, noch gut an die Empörung über Ulbricht. Wußte der Verfasser schon, daß eine so schlichte lyrische Attacke auf Ulbricht unter den endlosen Attacken auf Ulbricht, selbst wenn sie veröffentlicht worden wäre, nicht aufgefallen wäre? Wahrscheinlich ja, und der Verfasser wußte auch, daß er sich nur lächerlich macht, wenn er einen der unbelehrbarsten politischen Gauner seiner Zeit mit ein paar gebrochenen Zeilen angreift. Der Text über die unüberwindlich gewordene Grenze blieb also auch deshalb im Westen, weil er seine Grenzen kannte.

Einige Monate später entstand dann ein Gedicht: »Gruß aus Berlin // mein Freund aus Berlin / hat eine Schwäche für Politik // er schrieb / in seinem letzten Brief: / sonst ist // hier in Berlin alles in Ordnung / auch die Mauer ... / so schrieb mein Freund aus Berlin // jetzt weiß ich / weshalb die Ordnung / das große Geschäft / dieser Zeit ist«.

Sehr klar, das brauche ich nicht zu kommentieren. Läßt sich aus diesen drei Schülergedichten nun schließen, daß hier bereits ein politischer Autor am Werk ist? Nein und ja. Nein, weil diese Gedichte mit einem direkten politischen Anknüpfungspunkt ganz selten sind, es gibt, rein quantitativ mehr Gedichte über Tiere, mehr als drei auch über religiöse Fragen, über Liebe und unklares jugendliches Unbehagen. Man könnte den, den man politischen Autor nennt, mit gleicher Berechtigung also einen Tierdichter oder einen religiösen oder Liebesdichter nennen. Ja, weil sich hier einer bemüht, zu politischen Ereignissen eine eigene Haltung zu finden, die jenseits der Floskeln und der vordergründigen Parteilichkeit liegt. Weil er nicht aufs Behaupten aus ist, sondern auf das Differenzieren und Fragen.

Wir Unternehmer. Diese Bemühung, vermute ich mal, hat sich in all den Jahren bis heute nicht wesentlich geändert. Und doch bin ich sehr früh in den Ruf eines beharrlich politischen Autors geraten. Mit den ersten veröffentlichten Gedichten schon, obwohl sie vor der Studentenbewegung erschienen, und 1966 mit der Dokumentarpolemik »Wir Unternehmer«. In diesem Buch habe ich die Protokolle eines CDU-Wirtschaftstages radikal gekürzt, in falsche Verse gesetzt und da und dort kommentiert. Dies Buch, damit auch der Ruf als politischer Autor und Dokumentarist, verdankt sich einem Zufall. Ich entdeckte die in einem fünfhundertseitigen Band gedruckten Protokolle bei einer Freundin, die einen in der Industrie tätigen Bruder hatte. Ich blätterte in dem Band – und kam aus dem Staunen nicht heraus über ein Machtbewußtsein, das mit frechster Ideologie, »Dummheit« und Sprachunfähigkeit gepaart war. Es folgte die Überlegung: Mit diesem tollen Material müßte man doch etwas Originelles, Auffälliges anstellen. Eine subjektive, ganz unpolitische Frage: Was fange ich, der lyrikschreibende Germanistikstudent, mit diesem Sprachmaterial an, das mir die mächtigsten Leute der Bundesrepublik, darunter der damalige Bundeskanzler Erhard mit seiner berühmten Pinscher-Rede hier liefern? Ich habe bewußt eine extrem subjektive Version dieses Materials hergestellt, deshalb der Untertitel: Eine Dokumentar*polemik*, nur die sprachlich und politisch markantesten Sätze und Phrasen aufgehoben und in falsche Verse gesetzt.[4] Diese »Auswahl eines Belletristen« hatte eigene Regeln und zielte doch auf etwas Allgemeines, Objektives: die Macht und die Sprache der Macht.

Die Sprachen der Mächtigen. Ich sagte Zufall, aber natürlich sucht man sich die passenden Zufälle. Biographisch gesehen, mußte ich mich, wie die Leser des »Sonntag, an dem ich Weltmeister wurde« wissen werden, intensiv mit den Sprachen der Mächtigen auseinandersetzen. Auch in vielen der frühen Gedichte wird etwas Ähnliches versucht: Sie greifen Sprüche, vorgebene Redeweisen und feste Denkweisen an und unterminieren sie mit einigen simplen Stilmitteln.

Zunächst habe ich fast nur mit der Sprache der Distanzierung, des Neinsagens, der Ironie experimentiert – also mich negativ definiert über das, wogegen ich mich abgrenze. Erst nach und nach wurde der Raum größer, die Sprache freier. »Wenn Schreiben heißt: mit Sprache einen Platz behaupten, einen Raum füllen, eine Zeit verlängern, etwas Eigenes gegen die Welt setzen, dann gilt das für diese Gedichte«, so steht es im Nachwort zu den ausgewählten Gedichten »Selbstporträt mit Luftbrücke«[5]. Gerade den frühen Texten ist abzulesen, wie schwer es war, buchstäblich zur Sprache zu kommen und das persönliche Sprechen zu entwickeln.

Sechs Jahre später, 1972, die satirische Festschrift »Unsere Siemens-Welt«, die ebenso eine politische wie eine literarische Intention hatte. Ja, hier gab es ausnahmsweise einmal eine ungefähre Absicht, eine Idee, die mit einiger Beweiskraft durchgeführt sein wollte. Ich versuchte darzustellen, was Kapitalismus am Beispiel einer Firma heißt, und wollte gleichzeitig eine literarische Form finden, mit der ein so extrem spröder Gegenstand wie »die Wirtschaft« sprachlich angemessen zu fassen wäre. Daher die Verwandlung in einen Festschriftsteller, der die Geschichte und Aktivitäten des Konzerns fast besinnungslos rühmt und in seinem Eifer auch vieles ausplaudert, was die Firma vertuscht haben möchte. Das hat funktioniert, und der eigentliche politische Effekt war ein drei Jahre währender aufwendiger Prozeß der Siemens AG gegen den Verlag und mich.

Der Versuch, von der Siemens AG bzw. den Gerichten in die Knie gezwungen zu werden, hatte eine unerwartete Wirkung.[6] Denn die Presse berichtete immer wieder über den Prozeß – und das schlug sich negativ für Siemens nieder, weshalb man dort in der Chefetage gewiß bereut hat, den Prozeß überhaupt angefangen zu haben. Ich habe versucht, offensiv vom literarischen Standpunkt her zu argumentieren, denn ich fühlte mich nicht nur moralisch im Recht, weil ich ohnehin nur mit bereits publiziertem Material gearbeitet, nichts Neues behauptet und nichts erfunden hatte. Ich war überzeugt, daß mein literarisches Konzept stimmte, daß mein Mittel, die satirische Sprache, letztlich stärker sein kann als die Macht des Geldes und der Juristen. Im Kampf David gegen Goliath ist David so unglücklich nicht. Das Recht auf kritische Literatur, auf Satire war zu vertreten und zu verteidigen, vor den Gerichten und vor der Öffentlichkeit.

Im Urteil des Oberlandesgerichts Stuttgart wurde dann doch das »Persönlichkeitsrecht« des Konzerns gleichrangig neben die Kunstfreiheit gestellt, was zu ziemlich kuriosen Begründungen geführt hat. Im Prinzip haben die Richter gefordert, daß jeder Schriftsteller oder Journalist, der aus anderen Büchern zitiert, den Wahrheitsgehalt der zitierten Fakten überprüfen muß. Das ist natürlich überhaupt nicht machbar, wer das ernst nimmt, kann mit seiner Arbeit einpacken. Aber man muß ja nicht alles ernst nehmen, was in solchen Urteilen steht. Es war schwierig genug, das alles durchzustehen, über die spannendsten Einzelheiten habe ich im Nachwort zur Prozeßausgabe des Buches und der Neuausgabe 1995 berichtet. Wenn es schwierig wurde, konnte ich mich immerhin mit einem Satz von Walter Jens trösten: »Ein Siemens-Konzern, der vor Gericht gehen muß, bestätigt die Wirksamkeit von Literatur.«

Aus dieser Zeit, Anfang der siebziger Jahre, resultiert mein Ruf als politischer Autor, als Siemens-Delius. Schon damals habe ich mich dagegen gewehrt, mich über einen Elektrokonzern definieren zu lassen. Ich wollte nicht als Märtyrer gefeiert werden. Aber es hat wenig geholfen. Noch heute erschrecke ich ein wenig, wenn mir Leser begeistert versichern, daß ihnen »Unsere Siemens-Welt« so viel wie kaum ein anderes Buch damals gegeben habe. Und ich fühle mich fast beleidigt mißverstanden, wenn sie sagen, daß es das einzige Buch sei, das sie von mir gelesen hätten. Auch die andere Fraktion der Politik-Verächter mag vom Siemens-Etikett nicht lassen, und manche vermuten in jedem neuen Werk, selbst zwanzig Jahre später, lieber eine Verstellung als eine Entwicklung.

Mein fragwürdiger Ruf wurde freilich noch bekräftigt durch einen mittlerweile vergessenen Kaufhausbesitzer namens Helmut Horten, der sich von drei Zeilen meiner »Moritat auf Helmut Hortens Angst und Ende« beleidigt fühlte und zu den Gerichten lief, weil offenbar jemand aus seinem Bekanntenkreis die Moritat im »Großen Deutschen Balladenbuch« des Athenäum Verlags entdeckt hatte, nachdem sie in den sieben Jahren vorher mehrmals an anderen Orten publiziert war. Nach drei Instanzen entschied schließlich der Bundesgerichtshof in Karlsruhe: das Gedicht darf bleiben, wie es ist. Das Urteil ist, wie ich von Juristen höre, neben dem Mephisto-Urteil das wichtigste Urteil in Sachen Kunstfreiheit geworden und steht mittlerweile in den Lehrbüchern. Der Einsatz hat sich also gelohnt. Der großen Genugtuung, einen solchen Prozeß in höchster Instanz gewonnen zu haben, stand jedoch das Unbehagen gegenüber, in der Öffentlichkeit wieder nur als Politliterat wahrgenommen zu werden, der es bis zur vordersten Front der Gerichte gebracht hat.

Von der Satire zugesperrt. Nach der »Siemens-Welt« habe ich noch zwei satirische Experimente unternommen. »Einige Argumente zur Verteidigung der Gemüseesser« (1985) war der Versuch, das Modell der schärfsten, der Swiftschen Satire auf ein Thema der Gegenwart anzuwenden, wohl wissend, daß auch die stärkste Provokation heute keine Folgen hat.

»Konservativ in 30 Tagen« (1988) ist im Sinne Canettis aus Liebe zu den Wörtern entstanden, aus Haßliebe zur verführenden Sprache der FAZ, aus Abscheu und aus Spiellust mit meinen eigenen konservativen Neigungsn. Beide Bücher leistete ich mir als Vergnügen zwischen den Romanen, ich konnte sie schreiben, weil ich die Rolle des Satirikers abgelegt hatte. Beides waren Nachspiele, denn den Abschied von der Satire habe ich ganz bewußt mit dem ersten Roman genommen. Nicht etwa als Folge des Urteils des Oberlandesgerichts Stuttgart, nicht aus Angst vor neuen Prozessen, sondern weil diese Form so gut wie ausgeschöpft war. Ich spürte, daß die Satire mich zu sehr einengt, daß sie über formelhafte Formulierungen wenig hinauskommt und negativ gefesselt bleibt an den Gegenstand, den sie angreift. Sie kommt, qua Form, aus der Opposition, aus der Haltung des puren Dagegen nicht heraus.

Als ich 1978 meine achtjährige Tätigkeit als Lektor beendete, wollte ich einen Roman schreiben, keine Satire, weil ich endlich so frei war, mich nicht mehr an vorgefertigten väterlichen oder politischen oder wirtschaftlichen Sprüchen, Floskeln, Redeweisen abarbeiten zu müssen, so frei, mehr Freiheit suchen zu können in einer größeren, anspruchsvolleren Form der Vielfalt mit »richtigen« Figuren und Konflikten. Also auch die eigenen Positionen immer wieder in Frage zu stellen, überhaupt viel mehr Fragen und Offenheit im Sinn des Tschechov-Zitats zuzulassen. Die Verlockungen der Wörter verschoben sich: vom satirischen Widerstand gegen die vorgebenen, formelhaften Wörter zur Entwicklung einer eigenen Wortwelt, einer freieren Sprache.

Vielleicht begreifen Sie besser, was die Überwindung der satirischen Phase bedeutet, wenn ich kurz auf den von mir hochverehrten Jean Paul verweise. Ihm, wenn Sie mir diesen überheblichen Vergleich verzeihen, ging es nicht viel anders. »Ein ganzes horazisches Jahrneun hindurch«, schreibt Jean Paul rückblickend, »wurde des Jünglings Herz von der Satire zugesperrt und mußte alles verschlossen sehen, was in ihm selig war und schlug, was wogte und liebte und weinte. Als es sich nun endlich im achtundzwanzigsten Jahr öffnen und lüften durfte: da ergoß es sich leicht und mild wie eine warme überschwellende Wolke unter der Sonne – ich brauchte nur zuzulassen und dem Fließen zuzusehen ...«[7]

Mein verspäteter Schritt zum Wagnis Prosa hat wahrscheinlich auch mit den kunstbremsenden Reibungen der Studentenbewegung zu tun. Ich war zwar eher ein Mitläufer, mal begeistert, mal skeptisch, und von Herzen gegen jede vermutete Ungerechtigkeit, aber ich habe mich nie einer bestimmten Gruppe, Parteiung oder Partei oder irgendwelchen Dogmen angeschlossen. Die produktive Unruhe, die unsere Generation auf den Straßen, in den Hörsälen und in den Medien verbreitete, gefiel mir. Als man dazu überging, immer rigidere Rezepte für die Verbesserung und Revolutionierung der Welt auszuschreiben, erlosch meine Teilnahme zusehends. Vielleicht, weil mir die Kunst, die bekanntlich Widersprüche provoziert und verschärft, letztlich wichtiger war als die Ideologie, die bekanntlich Widersprüche abzuschaffen oder auszugrenzen trachtet. Und doch hielt ich wie viele Aktivisten, Mitläufer und Sympathisanten an der gesellschaftlichen Nützlichkeit der literarischen Arbeit fest, sah diese Nützlichkeit freilich enger und direkter als heute und habe einige Monate um 1970 herum mit Freunden und Kollegen über »eingreifende« Literatur nachgedacht. Aber um Prosa zu schreiben, war ich, abgesehen von der beruflichen Tätigkeit im Verlag, die kontinuierliches Schreiben nicht zugelassen hätte, zu sehr auf die äußeren, die politischen und gesellschaftlichen Widersprüche fixiert und konnte die eigenen Widersprüche noch nicht recht wahrnehmen.

Allerdings verraten die Gedichte aus der ersten Hälfte der siebziger Jahre schon die andere Richtung – in der Literatur ist das Bewußtsein ja immer ein wenig dem der Zeit und des Autors voraus, zum Glück. Dominierte in dem 1969 veröffentlichten Band »Wenn wir, bei Rot« noch das Wir, so bleibt in dem 1975 erschienenen »Bankier auf der Flucht« das lyrische Ich im Singular oder es treten einzelne Gedichtfiguren auf, oft im Gegensatz zu den anderen, zur Mehrheit, zur Masse. Diesen Weg vom Wir zum Ich, der bei den meisten Lyrikern dieser Zeit ähnlich zu beobachten ist, hat dann, wenn ich mich recht erinnere, ein Kritiker »Neue Subjektivität« genannt.

Für die anderen bin ich höchstens ein Vielleicht .... Verkürzt gesagt, bei mir war es die Entlastung, nicht um jeden Preis politisch recht haben zu müssen, und die Entdeckung eigener Widersprüche, die mich von der »politischen« Satire befreite und zum »offenen« Roman brachte. Was für Widersprüche sind das? Ganz allgemein hat Heinrich Mann einmal darüber geschrieben, am Beispiel des typischen »jungen Autors«:
»Nicht nur Gefühle, sogar seine Gedanken sind reizbar. Die Zahl seiner Ideen ist beschränkt, und sind es auch nur seine? Aber sie bekommen durch ihn Auftrieb und Macht von Leidenschaften. Sie können greifbare Gestalten der Sinne werden bei ihm. Gedanke und Sinne widersprechen sich hier endlich nicht mehr, in dieser aus Worten erschaffenen Welt ist, anders als in der wirklichen, Einheit. Wie kommt es? Ihr Schöpfer selbst bleibt doch sein Leben lang voller Widersprüche, im Leben verleugnet er täglich sein Werk. Indes ihm viele arglos vertrauen, verliert er nur selten das Gefühl: wenn ihr wüßtet! Wer bin ich?«[8]

So etwas muß ich zumindest geahnt haben, als ich dem ersten »politischen« Roman, »Ein Held der inneren Sicherheit«, ein höchst subjektivistisches Motto, das ich übrigens bei Carlos Fuentes entdeckte, aus Stendhals »Rot und Schwarz« gab: »Ich allein weiß, wozu ich fähig gewesen wäre ... Für die anderen bin ich höchstens ein Vielleicht.«

Damit wollte ich auf meine Nähe zur Hauptfigur Roland Diehl anspielen, einem Erfolgstypen unserer Zeit, einem angepaßten, egoistischen, hilflosen Kerl. Aber von dieser Nähe oder dem Spiel mit dieser Nähe hat selbst die geneigte Kritikerschaft nichts begriffen. Das Politische stand im Vordergrund, freilich nicht ganz an den Haaren herbeigezogen.

Meine Überlegung war: Wie verändert sich eine Gruppe von Menschen, wenn eine ihrer führenden Gestalten entführt und mit dem Tod bedroht ist? Historischer Hintergrund war die Entführung des Arbeitgeber-Präsidenten Schleyer durch die selbsternannte Rote Armee Fraktion, mit dem Ziel, die Freilassung ihrer Genossen zu erpressen, also der »deutsche Herbst 1977«.

Aber ohne ein sehr subjektives Motiv, das einen zwei Jahre im Bann der Arbeit hält, schreibt man auch keinen politischen Roman. Welches Motiv? Warum beschäftigt sich jemand wie ich ausgerechnet mit einer Figur wie Schleyer? Sicher, da ist Schleyer als Prototyp des nicht gerade sympathischen Unternehmers, ein Gegenstand, ein Pappkamerad der früheren Bücher »Wir Unternehmer«, »Unsere Siemens-Welt« oder der Gedichte wie der »Horten-Moritat«. Dieser Mann, den ich als Feind betrachtet habe, entführt und ermordet von denen, die ich nicht als Freunde betrachtet habe, die aber ähnlich antikapitalistisch dachten wie ich. Dies war sozusagen mein Konflikt, mein inneres Schreibmotiv. Ich mußte mich dem Leiden dieser Figur stellen. Ich mußte also das Klischeebild »Schleyer« vermenschlichen in der Figur Büttinger, aus der Sicht seines Vertrauten Roland Diehl, ein Spracharbeiter wie ich, wenn auch vom andern Flügel – so kam die Geschichte in Gang und hatte ihre Dynamik.

Schon beim Planen und Schreiben ist mir auch das zweite subjektive Motiv bewußt geworden: dies ist in verschlüsselter Form eine Vater-Sohn-Geschichte. Und wie nötig die war, biographisch gesehen, werden die Leser von »Der Sonntag, an dem ich Weltmeister wurde« vielleicht ahnen.

Deshalb hat mich beim Schreiben die Arbeit mit dem »politischen«, dokumentarischen Material aus dem Arbeitgeberverband und dem Bundesverband der deutschen Industrie am wenigsten befriedigt, am meisten aber die Träume und Phantasien der Hauptfigur Roland Diehl.

Trotzdem habe ich mein politisches Bewußtsein, wenn man es denn so hochtrabend nennen will, nicht einfach ausgeschaltet, im Gegenteil, vielleicht wurde es durch die »Entdeckung« des Subjektiven erheblich erweitert. Als ich »Ein Held der inneren Sicherheit« auszudenken begann, etwa im Sommer 1978, hatte ich nicht viel mehr als die Ahnung, daß der Herbst 1977 ein wichtiger Wendepunkt für die deutsche Nachkriegsgeschichte gewesen war. Aber nicht das wollte ich beweisen. Ich hatte nur tausend Fragen an das, was da geschehen war und was ich nicht begriffen hatte. Der Terrorismus hatte ja einen enormen Einfluß auf die Gesellschaft, jedoch ganz anders als geplant, nämlich nicht systemsprengend, sondern systemstabilisierend, wie man früher gesagt hat. Ein Vorgang von hoher Komik, von heute aus betrachtet. Auf verdrehte Weise war der Terrorismus kompatibel mit der Gesellschaft. Es wurde auf allen Ebenen, an allen Fronten gelogen und geheuchelt. Deutsche Unerbittlichkeiten prallten aufeinander. Die RAF half mit, den liberalen Kern der Sozialdemokratie zu zerstören, usw. Und eine gigantische Leistung ist bis heute kaum beachtet worden: die RAF hat der Linken die

Sprache genommen, auch ihre offensive Kraft, hat sie gelähmt und sprachlos gemacht bzw. ihre Sprecher, die ja überwiegend gegen den »bewaffneten Kampf« argumentierten, lächerlich, wirkungslos erscheinen lassen. Vielleicht erforderte meine Wut über jene Sprachlosigkeit zwei weitere Romane, »Mogadischu Fensterplatz« und »Himmelfahrt eines Staatsfeindes« im Abstand von sechs bzw. elf Jahren. Diese Trilogie kann man als einen Versuch lesen, meinen Versuch, wieder zur Sprache zu kommen und die Sprache der Literatur gegen die festen ideologischen Sprach- und Vorstellungsnormen der im Freund-Feind-Denken verhafteten Parteien zu richten.

Nullsummenspiel. Ein Kollege aus den USA, Don DeLillo, sieht in einem Dialog seines Romans »Mao II« diesen Zusammenhang noch radikaler: »Was die Terroristen gewinnen, verlieren die Schriftsteller. Was sie an Einfluß auf das Bewußtsein der Massen hinzugewinnen, verlieren wir als Gestalter von Sensibilität und Gedanken. Die Gefahr, die sie darstellen, entspricht unserem Versagen, gefährlich zu sein (...) Und je deutlicher wir den Terror sehen, desto weniger Eindruck macht die Kunst auf uns.«[9]

Ich will nicht behaupten, so weit gedacht oder geahnt zu haben, ich wußte aber, daß ich nur schreibend begreifen konnte, was im September/Oktober 1977 in der Bundesrepublik geschehen war: warum dieser Haß, diese Lähmungen, diese Unerbittlichkeit? Warum dieses Klima des Verdachts, jeder gegen jeden? Warum verschwindet das Differenzierungsvermögen? Warum diese panische Flucht zum simplen Dualismus Gut-Böse? Warum sind die Reformimpulse der Gesellschaft nun gebrochen? Wer versagt warum? Mir war klar, daß dies allein nicht zu fassen ist, wenn man im Milieu der Industriellen und ihrer intellektuellen Dienerschaft bleibt. Und daß allein mit dem politischen Jargon dieser Kreise wenig zu vermitteln war. Deshalb die intensiven Traumdarstellungen, das Herausschälen der unterdrückten Gefühle eines Helden, der seine Gefühle bis zur Konfrontation mit dem wahrscheinlichen Tod seines Mentors niedergehalten hat. Aber ohne dieses Zentrum der Gesellschaft, den Industrieverband, war die Geschichte auch nicht darzustellen.

So ist dann doch ein politischer Roman entstanden, aber für mich erst dadurch, daß er kein politischer Roman im engen Sinne ist mit dem Gegensatz von Gut/Böse, Richtig/Falsch usw., sondern weil er diese Gegensätze gerade aufhebt. Und weil er gleichzeitig auch ein Vater-Sohn-Roman ist, auch ein Kölner Heimatroman, auch der Roman einer unglücklichen Liebe, auch ein Traumbuch, auch ein Panorama der siebziger Jahre, auch ein Schlachtfeld meiner eigenen Gefühle gegenüber der Unternehmerwelt und Väterwelt.

Eine große öffentliche Tat. Noch während der Arbeit an diesem Buch fand ich einen wichtigen Gedanken in den Essays des großen kubanischen Autors Alejo Carpentier, den García Márquez als Vater der lateinamerikanischen Literatur bezeichnet und dessen Romane»Explosion in der Kathedrale«,»Die verlorenen Spuren« und»Die Harfe und der Schatten« sich niemand entgehen lassen sollte. In einem Aufsatz über den lateinamerikanischen Roman kritisiert Carpentier die Angst der europäischen Schriftsteller»vor dem Schauspiel der zeitgenössischen Welt. Je mehr die Welt der Technik ins Riesenhafte wächst, desto mehr Türen fallen ihm zu.«[10] Er empfiehlt, uns auf die ursprüngliche Bedeutung des Wortes Roman zu besinnen – epische Berichte oder epische Gedichte,»die eine große öffentliche Tat zum Thema« haben, ein öffentliches Ereignis, das viele Menschen bewegt und beschäftigt.[11]

Der»deutsche Herbst 1977« war zweifellos ein solches Ereignis, und ich freute mich, bei einem so bedeutenden Autor die Richtung für den Weg gefunden zu haben, auf dem ich gerade die ersten Schritte machte. Ich meinte damit nicht, daß ich fortan nur Haupt- und Staatsaktionen beschreiben wollte, nein, mich interessierte und interessiert heute noch, wie sich Individuen verhalten und verändern, wenn größere politische oder gesellschaftliche Ereignisse eintreten, mich interessieren die Reibungen der Subjekte auf dem Hinter- und Untergrund gesellschaftlicher Umbrüche. Die Gedanken von Carpentier haben mein politisches Bewußtsein gefördert, weil sie mich ermunterten, keine Angst vor der Wirklichkeit zu haben und mich ganz bewußt als Zeitgenosse zu verstehen, der mit zeitgenössischen Sujets und Figuren arbeitet.

Bald darauf, gegen Ende der Arbeit an »Ein Held der inneren Sicherheit«, tauchte die Idee zu einer Trilogie auf, die mich sofort erschreckte: Soll ich mich wirklich viele Jahre weiter mit dem Terror beschäftigen, mit dem Horror der Flugzeugentführung, mit dem Dreck von Stammheim usw.? Ich wollte das nicht. Außerdem schien es mir größenwahnsinnig. Ich war gerade dabei, meinen ersten Roman zu beenden, der mir mit allen Fragwürdigkeiten zwar einigermaßen gelungen schien, aber ich fühlte mich doch als Anfänger und wollte mir deshalb nicht gleich eine dreifache Last aufladen. Ich habe die Idee also schnell weggesteckt und fast vergessen.

Und erst einmal den Roman »Adenauerplatz« geschrieben, der aus dem Wunsch entstanden ist, mich selbst in meinem Land zu orientieren. Nach vielen Jahren Berlin und einigen Jahren im Ausland lebte ich ab 1980 zum ersten Mal (seit dem Abitur 1963) in der Bundesrepublik, in Bielefeld. Die Rolle dessen, der seines Ortes nicht sicher ist, wurde einem politischen Flüchtling aus Chile übertragen, das ging relativ leicht. Schwieriger war, eine zugleich politische und romantische Geschichte (Nachtwächtermotiv!) zu schreiben und an einem vergleichsweise langweiligen Schauplatz zu lokalisieren.

Hier steht »die große öffentliche Tat« eher im Hintergrund, und auf den ersten Blick gibt es kaum Verbindungen zum »Held der inneren Sicherheit« und zur Trilogie. Die Geschichte spielt in den Tagen der »Wende« von Schmidt zu Kohl, die ohne die Vorfälle und Umbrüche des »deutschen Herbstes« 1977 schwer denkbar ist. Trotzdem gibt es untergründige Zusammenhänge. Erst beim Schreiben habe ich bemerkt, daß ich Roland Diehl, dem Karrieristen, mit Felipe Gerlach offenbar einen »guten« Linken folgen lassen mußte. Eine andere Verwandtschaft war mir schon früh klar: »Ein Held der inneren Sicherheit« ist, unter anderm, eine Vater-Sohn-Geschichte, »Adenauerplatz«, unter anderm, eine Mutter-Sohn-Geschichte, die vergebliche Suche nach Heimat, Geborgenheit, Auflösung der Widersprüche, usw.

Scheitern lernen. Aber die Vorliebe für große öffentliche Ereignisse setzte sich doch durch, zunächst in »Mogadischu Fensterplatz«.

Die Geschehnisse um die Entführung des Lufthansa-Flugzeugs »Landshut« 1977 hatten auch mich gebannt und fasziniert, aber zunächst literarisch überhaupt nicht inspiriert. Erst der Fall einer erpresserischen Entführung auf dem Schiff »Achile Lauro« 1984 oder 1985 brachte mich auf die Idee, daß die »Landshut«-Entführung mehr war als eine Teilgeschichte des »deutschen Herbstes«. Plötzlich begriff ich, daß es sich hier um die modernste Form von Gefangenschaft und Erpressung handelt. Jeder kann an jedem Ort davon getroffen werden, ein Flugzeug kann ein Schauplatz für existenzielle Probleme sein. Ich mußte erst entdecken, daß diese Geschichte nur am Rande, nur unter Schlagzeilenaspekten eine politische war – erst danach fing sie an, mich zu reizen. Daraufhin habe ich mir das Material angesehen, das ich gesammelt hatte, und habe entschieden: Nein, es ist zu grausam, das kannst du nicht, das geht nicht! Aber am nächsten Morgen wußte ich: Genau deshalb mußt du jetzt dies Buch schreiben. Genau deshalb, weil es »eigentlich nicht geht«, weil du jederzeit daran scheitern kannst. Das war der Antrieb.

»Ich habe ihn geliebt.« Mir war klar: Wenn ich mich an diese Entführungsgeschichte wage, dann darf ich auch vor »Stammheim«, vor dem Thema: die Deutschen und ihre Liebe zum Terror, nicht mehr kneifen – das hat noch einige Jahre gedauert, bis mit »Himmelfahrt eines Staatsfeindes« das Ergebnis vorlag. Ein Ergebnis, das nicht viele Kritiker und verhältnismäßig wenige Leser überzeugt hat. Ich weiß bis heute nicht genau, warum dies Buch so miß- oder unverstanden geblieben ist. Selbst literarisch Gebildete kamen nicht darauf, den Roman mit ähnlichen Mustern bei Robert Coover (»Die öffentliche Verbrennung«) oder Juan Goytisolo (»Rückforderung des Conde don Julian«) zu vergleichen und ihn daran zu messen und meinetwegen zu verdammen. Die »rechte« und die »linke« Kritik war einig in der Methode des Abfertigens: dem »linken« Schriftsteller warf man linke Klischees über den »deutschen Herbst« um die Ohren, um ihm dann vorzuwerfen, daß er auf die Klischees nicht eingegangen sei.

Es kann natürlich sein, daß das Buch mißlungen ist, aber darüber zu spekulieren bin ich zu befangen. Ich habe andere Vermutungen. Vielleicht wollte Anno 1992, als man mit nichts anderem als mit der deutschen Vereinigung beschäftigt war, niemand mehr vom Terrorismus hören. Vielleicht ist das Sujet den einen literarisch zu kompliziert – oder den andern zu simpel. Vielleicht verstört die Perspektive des euphorisch sterbenden Bandenchefs. Vielleicht befremdet dieser Ansatz noch zu sehr, die Bundesrepublik als medialisierte Gesellschaft zu beschreiben. Der Hauptgrund für die Ablehnung, schätze ich, liegt wohl darin, daß hier die Geschichte des Hasses und der

Feindschaft, die überdies fast alle Leser in Erinnerung haben
(und an ihrer eignen Erinnerung messen – ein großes Risiko
für Autoren zeitgenössischer Themen), einmal neu erzählt wurde, und dazu als Liebesgeschichte auf den Kopf gestellt wurde.
Diese Zumutungen gingen wohl zu weit, obwohl von der ersten Seite an, mit dem Motto, der Weg deutlich genug war mit
einem Satz, den der ehemalige Chef des Bundeskriminalamtes
über den ehemaligen Chef der Baader-Meinhof-Gruppe gesagt hat:»Ich habe ihn geliebt.« Was dieser Satz bedeutet,
wollte niemand so recht begreifen, für mich war er aber der
eigentliche Anstoß. Gewiß, ein provokativer Satz, der keinem
politisch denkenden Menschen in den Kram paßt – und ich
erkläre mir die Wut auf das Buch, die von »konkret« und
FAZ fast wortgleich, aus den verschiedenen politischen
Ecken ertönte, auch mit der Anstrengung der Verdrängung
solcher Zusammenhänge wie sie in solch einer Liebeserklärung zum Ausdruck kommen. Das Politische des Buches
lag darin, keiner der verschiedenen Fraktionen und Gruppen
recht zu geben, keine der gängigen ideologischen Betrachtun-
gen des Themas zu bedienen, sie vielmehr alle durcheinander-
zuwirbeln und auf den Kopf zu stellen und im Roman eine
eigene Wahrheit zu suchen. Gore Vidal:»Die größte Provokation liegt darin, unabhängig zu sein.«

Zeitgenosse auf dem Hochsitz. Ich hoffe, ich habe verständlich
machen können, weshalb ich mich ungern politischer Autor
nennen lasse. Richtiger wäre, im Sinn von Alejo Carpentier
an einen Autor zu denken, der keine Angst vor der Wirklichkeit hat. Oder vorsichtiger: Der keine allzu große Angst vor
der Wirklichkeit hat. Der einige Neugier mitbringt auf Menschen und ihre sich ständig verändernde Wirklichkeit. Eine
Neugier auch aus Eigennutz, weil er erst durch das Schreiben, also das Ordnen des Chaos, ein wenig über die Wirklich-

keit erfährt. Ich habe nichts dagegen, als ein bewußter Zeitgenosse bezeichnet zu werden, ein Mann, der nicht ungern in der Gegenwart lebt. Der freilich weiß, was für ein schwaches Subjekt er ist. Dem der ständige Blick auf »die Realität« oft zu viel ist. Der weiß, daß solche Fixierung auf die Gegenwart einen auch vergiften und zerstören kann, wenn man nicht subtile, flexible Verhaltensformen zwischen Neugier und Abschottung findet.

Ich richte also meinen Frage-, Freiheits- und Darstellungstrieb am liebsten auf meine Zeit und ihre Ungewißheiten, Sprachverwirrungen, auf ihre vielfältigen Wunder und Konflikte. Die interessieren mich mehr als »abgeschlossene« Vergangenheiten oder Zukunfts-Fiktionen. Da liegt ein doppeltes Risiko, weil Leser und Kritiker in dieser gleichen Gegenwart leben, aber natürlich andere Sichtweisen haben und ihre ebenso natürlich für die einzig richtigen halten. Bei zeitgenössischen Themen kann jeder mitreden und behaupten: Das ist nicht so, wie es da steht, ich hab das ganz anders erlebt, also taugt das Buch nichts! Zeitgenössische Themen sind mal »in«, mal »out«. Und das zweite Risiko: Gegenüber vielen Erscheinungen kann man blind sein, ich auch. Es ist selten leicht, mitten in das Dickicht der Aktualitäten einen subjektiven Hochsitz der Fiktion zu bauen – und doch finde ich nichts Spannenderes als unsere, als meine Zeit.

Auch die anderen Prosabücher haben, als wären sie im Auftrag Carpentiers geschrieben, »eine große öffentliche Tat zum Thema«, ein öffentliches Ereignis, das viele Menschen bewegt und beschäftigt. »Die Birnen von Ribbeck« sind an das historische Ereignis der deutschen Vereinigung 1990 geknüpft, »Der Sonntag, an dem ich Weltmeister wurde« an das nationale Ereignis der Fußballweltmeisterschaft von 1954 und die Erzählung »Der Spaziergang von Rostock nach Syrakus« an die deutsche Teilung unmittelbar vor der »Wende«.

Die Vorliebe für das gegenwärtig Historische bedeutet also nicht, Anhänger einer funktionalen Literatur zu sein, die bestimmte politische Anschauungen und Veränderungen befördern möchte. Es ist trivial, aber ich muß es wiederholen: Bücher richten in diesem direkten Sinn nichts aus, die wenigen Ausnahmen kann man an einer Hand abzählen. Zwar habe ich während der Studentenbewegung zur vorsichtigsten Gruppe derer gehört, die politische Wirkung von literarischen, sogenannten operativen Texten erhofften, aber ich bilde mir ein, auch damals schon gewußt zu haben, daß es lineare Wirkungen nicht gibt. (Ein IM des Ministeriums für Staatssicherheit der DDR, so habe ich in meiner Stasiakte gelesen, schrieb 1973 mit leicht mokantem Unterton: »D. erhofft Aufklärung durch Bücher (darin seinen Vorvätern nicht unähnlich)« – mit den Vorvätern meinte er die Pastoren, es war also kein dummer IM.) Veränderungen in den Denk-, Phantasie- und Erfahrungswelten der Leserinnen und Leser sind, wenn es gut geht, nur auf langsamsten Wegen möglich, aber die Zugänge sind vom Autor nicht vorher kalkulierbar oder steuerbar, da dies von der Offenheit und Bereitschaft und den individuellen Erfahrungen abhängt, die mit denen der Lektüre auf dynamische Weise korrespondieren können, aber nicht müssen. Veränderungen sind nicht kalkulierbar, da jeder Mensch jedes Buch unterschiedlich liest, sich verschiedene Aspekte, Ideen, Vertiefungen eigener Erfahrungen gefallen lassen möchte. Die Verschiedenheit der Reaktionen auf *ein* Werk ist ja grade das Wunderbare an der Kunst.

Staatsfixierung, so lautet der letzte Vorwurf derer, die vom Klischee des »politischen« Autors nicht lassen wollen. Nein, sage ich, die politische Oberfläche interessiert mich wenig, als literarischer Gegenstand gar nicht. Wenn schon, dann die Wurzeln des Politischen. Eher aber käme es auf die Herausarbeitung eines Gegensatzes an, auf den Joseph Brodsky hinweist:

»Jedes politische System, jede Form sozialer Organisation, jedes System überhaupt ist *per definitionem* eine Form der Vergangenheit, die sich der Gegenwart aufzudrängen versucht (und damit auch der Zukunft) – eine Tatsache, die am allerwenigsten derjenige übersehen darf, dessen Werkzeug die Sprache ist. Die eigentliche Gefahr für den Schriftsteller ist nicht so sehr die Möglichkeit (häufig sogar die Gewißheit) der Verfolgung durch den Staat, als vielmehr die Gefahr, von der Fratze des Staates hypnotisiert zu werden. Ob es nun monströs erscheint oder einen Wandel zum Besseren durchmacht – das Gesicht des Staates ist immer zeitgebunden. Die Philosophie des Staates, seine Ethik – ganz zu schweigen von seiner Ästhetik – stammen immer von gestern; die Sprache der Literatur dagegen kommt immer aus dem Heute, und überall, wo eine politische Orthodoxie herrscht, nimmt sie das Morgen vorweg. Einer der größten Vorzüge der Literatur liegt darin, daß sie dem Menschen dazu verhilft, seine Existenz als spezifische Zeit zu erleben und sich von der Menge seiner Vorgänger ebenso abzuheben wie von der seiner Zeitgenossen ...

Da sie ihre eigene Genealogie, Logik, Dynamik und Zukunft besitzt, verläuft die Kunst nicht synchron zur Geschichte, sondern bestenfalls parallel zu ihr und erfindet durch ihre bloße Existenz die Wirklichkeit immer wieder neu. Deshalb ist die Kunst stets weiter als der geschichtliche Fortschritt, dessen Werkzeug – wenn Sie mir gestatten, Marx zu korrigieren – das Klischee ist.«[12]

Einladung zum Tanz. Was haben diese Reflexionen über meine paar Bücher und über die Ambivalenzen eines Autors, der kein »politischer Autor« sein will, mit der Frage nach der Zukunft der Wörter zu tun?

Vielleicht dies: Um die Zukunft der Wörter und der Literatur ist mir nicht bange, wenn mehr Autorinnen und Autoren den Ratschlag von Alejo Carpentier zumindest im Hinterkopf haben. Natürlich stelle ich damit keine Regel auf, das wäre grauenvoll. Nichts ist wichtiger als literarische Vielfalt, die Konkurrenz verschiedener Formen, Stile, Ideen, Sujets. Ob Bücher gut sind oder nicht, gelesen werden oder nicht, ist keine Frage des Themas, und ich bin weit davon entfernt, »Inhalte« zum literarischen Kriterium zu machen. Aber das Thema kann durchaus ein Anreiz oder eine Einladung zum Tanz in die Literatur sein. Alle Formen der Literatur müssen sein, auch die spielerischen, auch die zynischen, aber wenn man an Zukunft der Wörter denkt und gleichzeitig an den steigenden Bedarf an Orientierungen, Unterhaltung und Distanzierung, dann scheint mir die Devise von Alejo Carpentier in eine richtige Richtung zu weisen. Wenn Autoren im Sinne von Carpentier eine glückliche Hand und eine schlüssige Fabel vorzeigen können, dann könnte ihre wachsende Leserschar die berauschende Erfahrung machen, daß Literatur vielfältige Brücken schlägt zwischen höchst individuellen Leidenschaften und dem, was in der Zeitung steht oder als Fernsehbild haften bleibt.

Aber vielleicht ist das nur der rhetorische Optimismus eines Autors, der etwas kühn geworden ist, weil er hin und wieder ein paar tausend Leser gewonnen und zumindest vorübergehend für zeitgenössische Literatur interessiert hat, einfach deshalb, weil diese Leser sich zunächst nur für Flugzeugentführungen, eine Ballade von Fontane oder die Fußballweltmeisterschaft 1954 interessierten. Das könnte genauer untersucht werden, am Beispiel der Vereinigung, der deutschen.

Warum ich ein
Einheitsgewinnler bin
oder
Die neuen alten Erwartungen
an die Literatur

Die Ereignisse des Jahres 1989 sind, schlicht gesagt, von epo-
chaler Bedeutung. Man kann diesen Bruch des Gewohnten beklagen, beschreiben, begrüßen – nur ignorieren
kann man ihn nicht. Das Sensationelle dieses Bruchs lag weniger darin, daß der mehr irreale als »reale« Staats-Sozialis-
mus versank – dessen Glaubwürdigkeit war, was die meisten
eilfertigen Kommentatoren vergessen haben, z.b. für meine
Generation schon 1968 unter den sowjetischen Panzern in
Prag begraben. Nein, das Atemberaubende war und ist das
Verschwinden oder die Verschiebung der gewohnten Fronten
oder Dualitäten, der alten Freund-Feind-Gegensätze in der
Politik, der Wirtschaft, im Denken. Und in der Folge wach-
sende Ratlosigkeit beim Anwachsen der »Probleme« und
»Krisen«, ein Verschwinden von Alternativen und einfachen
Lösungen. Alles scheint komplizierter, keiner hat mehr
Durchblick, jede Lösung verschärft das Problem, jeder zankt
mit jedem.

»Was kennzeichnet die Lage fünf Jahre nach 1989, dem
Zusammenbruch der Berliner Mauer? Ein Wort«, meint der
Soziologe Ulrich Beck, »Vakuum. Wir leben in einem Denk-
Vakuum, einem Sprach-Vakuum, einem Macht-Vakuum, ei-
nem Politik-Vakuum. Hinter dem ganzen Stimmengewirr und
Aktivitätsschaum breitet sich eine riesengroße Ratlosigkeit

und Handlungslähmung aus. Es gibt so unendlich viel zu tun, also lassen wir es liegen. Das macht die Lage nach 1989 so diffus, so doppelbödig: Auf der einen Seite scheint sich für den alten Westen nichts geändert zu haben; zu gleicher Zeit ist fast alles vollständig anders geworden.«[1]

Mit der Veränderung vieler äußerer und innerer Koordinatensysteme hat sich, so scheint mir, auch in der Literatur etwas verschoben, und ich will diese Verschiebungen an meinem Beispiel zu beschreiben versuchen.

Ich bin ein Einheitsgewinnler. Ich gebe zu, ich kann mich nicht recht entscheiden, ob ich die Formulierung Einheitsgewinnler mit der eher ironisch-negativen Duftnote wählen soll oder Einheitsgewinner. Einheitsgewinner hört sich zu eindeutig an, als hätte ich einem Gegner eine Niederlage beigebracht und dürfte mich deshalb als Gewinner feiern. So ist es nun wahrlich nicht. Meine Frage ist einfach: welchen Gewinn verdanke ich der Einheit, welchen Gewinn könnten auch andere aus ihr ziehen?

Staunende Gesichter, wenn ich außerhalb Berlins erzähle, daß der Fall der Mauer auch für die West-Berliner eine Befreiung war. In den sechziger Jahren nahm ich die Mauer als gegeben hin, in den siebziger wurde sie mir lästig, in den achtziger Jahren ärgerlich. Plötzlich, ab Dezember 1989, ohne Kontrollen, ohne Paß in die naheliegenden Landschaften und zu den nahewohnenden Freunden eingelassen zu werden, dieser Gewinn war, ganz subjektiv, der größte. Ohne diese Möglichkeit zum immer einfacheren Überschreiten der Grenzen, ohne das Staunen und Aufatmen dabei wären »Die Birnen von Ribbeck« nicht entstanden.

Nachdem West-Berliner endlich mit dem bloßen Ausweis in der Hand, ohne die vielfach bestempelten Tagesvisa, in die DDR hineinfahren konnten, führte ein erster Sonntagsausflug im Januar 1990 die Familie in das Dörfchen Ribbeck, keine dreißig Kilometer von der Stadtgrenze entfernt, berühmt durch das Lesebuchgedicht »Herr von Ribbeck auf Ribbeck im Havelland« von Theodor Fontane. Früher, als die Autobahn Berlin-Hamburg noch nicht gebaut war, fuhr man auf der Fernstraße 5 durch das Dorf, durfte aber nicht anhalten, es waren immer nur kurze Blicke erlaubt, »ist da ein Schloß? Ist da ein Birnbaum?«, so waren Ribbeck und der Fontanesche Birnbaum Ort eines Tabus geworden. An jenem Sonntagnachmittag trafen wir nun, dicht am berühmten Birnbaum, auf einen LPG-Bauern, Traktorfahrer, der nach kurzem Gruß von sich aus zu reden begann, vom Birnbaum, vom Dorf, von den alten Ribbecks, von der Partei, von den Schikanen, von seinen Erwartungen. Was er erzählte, war in keiner Weise geordnet, chronologisch schon gar nicht, sondern alle Geschichten, längere oder kürzere und die Kommentare dazu, wurden durcheinander, ineinander, assoziativ erzählt, daß ich zunächst nie genau verstand, ob das Erzählte vor drei Jahren, vor dreißig Jahren oder zu Zeiten des letzten Herrn von Ribbeck oder seiner Vorväter spielte. Schon während der Mann redete und redete und nicht aufhören wollte, kam ich mir vor wie mitten in einem lateinamerikanischen Roman. Ich dachte, da liebt man diese Literatur aus einem fernen Kontinent, in der Mythen, Sagen, Gerüchte, politische Fakten und die merkwürdigsten Schicksale auf den Äckern ununterbrochener Ausbeutung blühen und unchronologisch und phantastisch miteinander verwachsen – und hier, in einem Dörfchen, ein paar Kilometer vor deiner Haustür, erzählt ein Bauer, als hätte er eine Geschichte von Gabriel García Márquez nachzuerzählen.

Deshalb war schon auf der Rückfahrt nach Berlin der Gedanke nicht mehr abzuweisen, daß diese Geschichte geschrieben werden *muß*. Ich notierte sofort einen Titel, »Die Birnen

von Ribbeck«, hielt aber, als etwas zu ordentlicher und diszi-
plinierter Schreiber, an der Arbeit am Roman fest,»Himmelfahrt eines Staatsfeindes«, im Februar, im März, noch im
April 1990. Ende April war es nicht mehr auszuhalten, ich be-
schloß, die Geschichte *jetzt* zu schreiben, fuhr nach Ribbeck,
fand den Bauern wieder, sprach mit ihm, erzählte von meiner
Idee, die ich mit einem Originaltonfeature für den Rundfunk
ergänzen wollte, er machte mit und empfahl mir viele andere
Leute im Dorf als Gesprächspartner. Die Arbeit konnte beginnen, und sie ging rasch voran, parallel zu den ersten Interviews entwickelten sich die ersten Seiten und die weiten Fa-
cetten des langen, langen Satzes, geschrieben im Rhythmus
der aufregenden Veränderungen in den letzten Monaten eines
Staates, der sich jahrelang als »real existierender Sozialismus«
gefeiert hatte und nun mehr und mehr ins Gegenteil verwandelte: ein Absturz ins Irreale, ins schöne Chaos, als das Ober-
ste zuunterst und das Innerste nach außen gewendet wurde
und vor jede bis dahin gültige Existenz das neue, marktwirt-
schaftliche Vorzeichen gesetzt wurde.

Auch ich war berauscht von diesem Absturz, dieser »Nieder-
auffahrt« (Manganelli), ich war begeistert und besorgt, aber
mehr begeistert als besorgt, und ich sagte mir: Du mußt vor allem offen sein, du bist der Chronist, wenn sonst keiner deines-
gleichen hier aufkreuzt. Inzwischen habe ich beim jungen
André Gide eine Devise für dies Verhalten entdeckt:»Sich selber als Mittel betrachten; niemals also sich selber vor dem ge-
wählten Ziel, vor dem Werk den Vorzug geben.«[2] Damals
dachte ich nur: Du mußt alles aufnehmen, alles hineinarbeiten,
es darf auch für dich keine Grenzen mehr geben. Schließlich
wollte mir nicht einmal eine Satzgrenze gelingen, ein Punkt
wird erst am Ende des Buches gemacht, auf Seite 79.

Die vielen Fahrten im Frühjahr 1990 nach Ribbeck waren
darum mehr als Arbeitsbesuche. Woche um Woche, Monat

um Monat verschwand ein Stück Grenze, veränderte sich das Bild, und das Schönste war: Man konnte einfach losfahren. Bei jeder Fahrt konnte ich mich der Wirklichkeit der Traumerfüllung versichern und erfreuen, daß es da, um mich herum, keine Grenze mehr gab.

Was hat mich nach Ribbeck getrieben? Nicht nur das ergiebige Motiv, nicht nur die reiche Sprache der Ribbecker, nicht nur das Vergnügen, in einer einmaligen historischen Situation Chronist, Medium zu sein für die aus vierzig plus zwölf Jahren Sprachlosigkeit befreiten Leute. Es war nicht zuletzt der Widerwille gegen das Gerede über die deutsche Einheit, auch das hochintelligente Gerede in den besseren Blättern und Fernsehkanälen. Widerwille gegen Gewißheitslümmel, gegen Meinungsinflation, Wichtigkeitsgespreize. Auf dem Dorf die eigene Meinung zurücknehmen, einklammern, dafür ausgiebig zuhören und mit Anschaulichem belohnt werden – in Ribbeck fanden sich fast alle Probleme der deutschen Einheit, der deutschen Geschichte um die Birnbäume herum. Ich hatte Glück mit Ribbeck, aber auch eigenes Interesse (und das Kunstinteresse, die Sprache zu finden oder zu erlauschen, die dieser Wirklichkeit gewachsen ist oder mit ihr wächst). Es gab als Zugabe das befreiende Gefühl, an der Aufhebung der Grenzen mitzuarbeiten.

»Die Aufhebung der Grenze zwischen den beiden deutschen Staaten bedeutete die Aufhebung einer psychischen Spaltung ...«, behauptet der Psychoanalytiker Hermann Beland.[3] Ich bilde mir ein, dies an mir selbst beobachtet zu haben, deshalb möchte ich um Geduld für ein längeres Zitat aus Belands Aufsatz bitten.

»Ich möchte einfügen, daß die Mauer in den dreißig Jahren ihres Bestehens in Berlin zu einem Traumsymbol avanciert war, das nach der Erfahrung der Berliner Analytiker in anscheinend jedem Falle die psychische Abwehrgrenze gegen das Verdrängte, die aggressiv geladene Schranke zwischen dem Bewußten und dem Unbewußten vertrat. (…) Für eine gewisse Zeitspanne war nach dem Zusammenbruch der Mauer jene Spaltungswirkung aufgehoben, die durch den Ost-West-Gegensatz kollektiv betrieben worden war. Sie hatten im deutschen Fall einen Abwehrprozeß unterstützt, den die Psychoanalyse emotionale Verleugnung nennt. Emotionale Verleugnungen spielen im Leben der Völker und ihrer großen Bündnissysteme eine außerordentliche Rolle. Ohne sie ist das protestlose Weiterleben angesichts der atomaren Bedrohung, die nach wie vor nicht beseitigt ist, nicht zu erklären, ohne sie ist nicht verstehbar, wieso Regierungen, Parteien, Konzernspitzen und die aufgeklärte Gesamtbevölkerung der Erde die gegenwärtige ökologische Bedrohung derart geringschätzen können. Ohne diesen Abwehrprozeß ist auch die deutsche Nachkriegsgeschichte nicht zu verstehen. Bei emotionaler Verleugnung werden zwar die Tatsachen gesehen und insoweit anerkannt, aber ihre Bedeutung wird durch Verleugnung auf Null reduziert, und die emotionale Reaktion, die ohne Verleugnung zu sofortigem Handeln drängen würde, wird unmöglich gemacht. Das geschieht durch eine unbewußte, übermächtige, gewalttätige Phantasie, mit der die Person sich selbst gegenüber unbewußt durchsetzt, was die Phantasie behauptet: daß jene entscheidende Tatsache bedeutungslos ist. Dieser Mechanismus wird bei sehr (oder zu) intensiven Gefühlsverhältnissen eingesetzt, bei zu großer Angst oder zu großem Schmerz. Ist etwas bedeutungslos, dann kann man nicht mehr entsetzt, bestürzt, verzweifelt, schmerzgepeinigt oder in Panik sein, man kann nichts mehr fühlen – und nicht mehr realistisch reagieren und handeln.«[4]

Emotionale Verleugnung. Um diese fruchtbaren Gedanken konkret zu machen: Ein wenig gehörte auch ich, wie fast alle Westdeutschen, zu den »emotionalen Verleugnern«. Zwar kann ich ins Feld führen, seit 1963 hunderte von Besuchen bei Freunden und Schriftstellerkollegen im anderen Teil Berlins, oft genug unter Observation der Stasi, gemacht und vor allem in den siebziger Jahren mit dem Schmuggel zahlreicher Manuskripte oder Briefe zwischen dem schwitzenden Rücken und dem Hemd einiges zum deutsch-deutschen Literaturaustausch beigetragen, als Lektor Autoren wie Heiner Müller, Thomas Brasch, Stefan Schütz, Karl Mickel im Westen zur Bekanntheit verholfen und einen Schriftsteller samt Familie bei der Ausreise unterstützt zu haben. Trotz der Freundschaften schien die Spaltung, so unmenschlich und absurd wir sie fanden, innerlich und politisch akzeptiert. Ich wehrte mich zwar mit meinen Freunden, den Dissidenten, gegen die Verteidiger und Funktionäre der DDR hüben wie drüben, aber mit der Existenz der DDR und den Lebensbedingungen hatte ich mich mehr oder weniger abzufinden bemüht. Es war der graue Osten, mehr oder minder abgeschrieben. Emotionale Verbundenheit, Ansätze von Heimatgefühl, wie ich sie heute etwa für die Berliner Mitte, für Brandenburg oder Mecklenburg entwickle, hat es, solange die DDR existierte, nicht gegeben.

Mit der politischen emotionalen Verleugnung verleugnete ich, wenn man es streng sieht, außerdem einen Teil meines Selbst. Meine Mutter und ihre Familie stammten aus Mecklenburg, 1945 kamen sie in den Westen. Sie verstanden sich, mit einigem Recht und einem über Jahrhunderte reichenden Stammbaum, als Mecklenburger vom alten Schrot und Korn und von Adel, seit zwei Generationen verarmt und darum auch dem längst aufgegebenen Gutsbesitz der Vorfahren ohne Klage und doch tief im Bewußtsein nachtrauernd. Mir war die Mecklenburg-Nostalgie der Verwandtschaft meistens peinlich, im besten Fall nostalgisch, manchmal auch bloß reaktionär erschienen. Ich habe deshalb nie recht anerkennen wollen, daß ich ein halber Mecklenburger bin und eine Herkunft dort hatte, wo das (schlechte) Neue regierte, das ich gegenüber der konservativen Verwandtschaft teilweise sogar verteidigen zu müssen meinte. (Nur bei der Uwe-Johnson-Lektüre durfte ich Mecklenburger sein.) Andererseits hatte ich niemals Schwierigkeiten, die väterliche Herkunft, teils Hesse, teils Westfale, mit dem Stolz des Understatement zu betonen.

»Die Aufhebung der Grenze zwischen den beiden deutschen Staaten bedeutete die Aufhebung einer psychischen Spaltung«, hieß es im Zitat, und mein Beispiel könnte diese These bestätigen. Auch wenn das Alter und meine sonstige Entwicklung eine gewisse Rolle spielen, ich bin sicher: Erst mit dem Fall der Mauer konnte ich meine mecklenburgische Hälfte akzeptieren und neu entdecken und mich sogar daran freuen (nicht nostalgisch, sondern: die Fiktion Mecklenburg wurde Realität, mehrfach gebrochen, weil ich nun allein und frei sie besichtigen konnte). Die reibungslose Fahrt nach Rostock oder Bad Doberan erleichterte die Anerkennung mütterlicher Erbschaften und Erblasten. Und in der Auseinandersetzung mit dem Landadel in den »Birnen von Ribbeck« ist bereits etwas von der Auseinandersetzung mit der längst verstorbenen Verwandtschaft mütterlicherseits versteckt.

Einheitsgewinn 2. Das »Ribbeck«-Buch ist nicht der einzige Gewinn, den ich der Einheit verdanke. »Die Birnen von Ribbeck« waren, auch wenn es auf den ersten Blick nicht danach aussieht, das Vorspiel für »Der Sonntag, an dem ich Weltmeister wurde«. Heute scheint es mir ganz logisch, daß gerade 1990 die Entscheidung fiel, die Abgründe und die gestörte Nähe zwischen mir und den Eltern und Großeltern ertastend zu beschreiben. Es brauchte dann mehr als zwei Jahre bis zu dem Satz »Der Sonntag, an dem ich Weltmeister wurde, begann wie jeder Sonntag: ...«. Ohne den Fall der Mauer, ohne die Wiederherstellung einer »inneren Einheit« wäre dies Buch gewiß später und vielleicht anders geschrieben worden. (Die Schlaumeier werden sagen: »Geschickt hingezirkelt, eine Erzählung pünktlich zur Weltmeisterschaft 1994 und zum vierzigjährigen Berner Sieg!«, so sprechen Ahnungslose.)

Endlich war es möglich, von den frühesten Verlockungen der Wörter zu sprechen, von der Prägung des Kindes auf »das« Wort, von den Suggestivkräften der religiösen Sprache, ihrer behütenden und ihrer grausamen Seite, von der repressiven Wirkung der Wörter und vom hilflosen Widerstand dagegen, von der heftigen Liebe des Stotterers zur Sprache. Ich versuchte, dies alles nicht als Klagelied zu schreiben und die Gegenwelt, repräsentiert durch den Fußball und den Radioreporter, nicht zu idealisieren. Den Grundton des Humors, der so entstanden ist, haben die wenigsten Kritiker bemerkt. Dem Germanisten Egon Schwarz verdanke ich jedoch zum Aspekt des »Humors der Nachsicht« einen ganzen Aufsatz, der mich für alle bösen oder subtilen Mißverständnisse entschädigt.[5]

Warum ich mich immer wieder mit den Sprachen der Macht auseinandersetzen mußte, warum mich gerade die vorgefertigen Wörter von »Wir Unternehmer« über die »Siemens-Welt« bis hin zu den Kommentarsätzen der FAZ (in »Konservativ in 30 Tagen«) immer wieder satirisch verlockt haben, dürfte mit dieser Erzählung deutlich genug geworden sein. Nach diesem kleinen Schlüsselwerk wird man die bisherigen Bücher etwas komplexer bewerten müssen. Die Behauptung, daß sich nach dem äußeren Koordinatensystem, das durch die Ereignisse von 1989 verschoben wurde, auch das innere Koordinatensystem verändern mußte, ließe sich genauer begründen, ich kann es hier aber bei Andeutungen belassen, zumal mir diese Arbeit von andern abgenommen wird.[6]

Günstige Zeiten. Wie es mir erging, so müßte es, denke ich manchmal, auch einigen anderen schreibenden Menschen ergangen sein. Aber ich bemerke noch wenig davon. Warum sind so wenige Leute in der Lage, das Ende einer emotionalen Verleugnung mit neuen Werken zu feiern und zu erproben? Der wachsende ökonomische Druck, der besonders den Autoren in den »neuen Bundesländern« zu schaffen macht, ist eine schwache Entschuldigung. Der Zeitfaktor, gewiß. Mir scheint jedoch, daß mehr Energie auf das Jammern verschwendet wird als auf Überlegungen, wie die Erschütterungen produktiv gemacht werden könnten. Die Gewohnheit des Jammerns gerade bei den Privilegierten ist mir ein Greuel, und gegen dies Gejammer behaupte ich:

Selten waren die Zeiten für Schriftsteller so günstig wie heute. Nicht in jedem Jahrhundert war es den aufmerksameren Leuten vergönnt, ein Gesellschaftssystem ohne Krieg zusammensinken zu sehen und seine Vereinigung mit einer stärkeren, anders verfaßten Gesellschaft zu beobachten, also, um von Menschen zu reden, millionenfache Brüche der Lebensläufe und Lebensrhythmen, der Gewohnheiten und Orientierungen wahrzunehmen und des Näheren zu beschreiben. Was für Niedergänge und Aufstiege, was für Aufbrüche, Rivalitäten, Entmutigungen, Lügen, Ermutigungen, Depressionen, Nostalgien, Einsichten! Was für rebellische oder stille Unterwerfungen, was für Aktivitätsschübe und Passivitätsmuster in einer veränderten und immer schwerer zu begreifenden Wirklichkeit – überall, in jedem Dorf, jedem Stadtviertel, jedem Haus und in beinah jedem Menschen.

Selten war die Intelligenz so gefordert wie in dieser immer weniger friedlich, immer weniger legal sich verändernden Gesellschaft, bislang ungewohnte Kontraste zwischen Befreiung und Verelendung zu erfassen. Man darf sogar die Komik in der Hilflosigkeit entdecken, die entstanden ist, weil keine politische Kraft sich mehr auf die jeweils gegenteilige herausreden kann. Und wer sieht auf dem Hintergrund der Ironie der Geschichte, den nun immer deutlicheren Erschütterungen der westlichen/marktwirtschaftlichen Ordnungsmechanismen, die in der neuen Lage nicht überprüft, geschweige denn verbessert wurden, wer sieht auf diesem Hintergrund die vielen kleinen Tragödien zwischen politischem Betrug und Selbstbetrug der Individuen? Überall sind Nuancen zwischen eingebildeter und wirklicher Aussichtslosigkeit, zwischen Befreiung und Belastung zu erspüren, überall, ich spreche von der Literatur, wäre neues, unerhörtes Material, das buchstäblich auf der Straße liegt, zu sehen, aufzuheben und zu bearbeiten.

Kurz, so viel Spannung war nie, und die Schriftsteller sind gut dran, die ihre eigenen Spannungen auf die allgemeinen Zerreißproben zu projizieren verstehen.

Einheitsgewinn 3. Nehmen wir ein einfaches Beispiel: Ostern 1992 auf Rügen, Regenwetter, ich lese die »Ostsee-Zeitung«. Reportage über einen Mann, dem es nach siebenjähriger Vorbereitung gelungen ist, im Juni 1988 mit einer Segeljolle über die Ostsee nach Dänemark zu entkommen – aber nicht, um aus der DDR zu fliehen, sondern um eine Reise nach Italien zu machen, auf den Spuren von Johann Gottfried Seume (»Mein Spaziergang nach Syrakus im Jahr 1802«), und anschließend in die DDR zurückzukehren. Die Zeitungsseite aufgehoben, immer mal wieder angesehen: das *ist* eine Geschichte. Ich erzähle sie andern, ich merke, sie setzt sich in meinem Kopf fest, sie bleibt oben auf dem Zeitungsstapel, sie will etwas von *mir*. Nach fast anderthalb Jahren, als der Kopf frei war, den Mann gesucht, getroffen, lange gesprochen. Inzwischen ist ein Radiofeature produziert und gesendet und die Erzählung geschrieben, voll komischer, spannender, schönster Details.

Die Arbeit ist der Finderlohn. Die Schwierigkeit, wie ein Chronist die Balance zwischen Nähe und Distanz zu finden, die Geschichte weder hochzustilisieren noch im leichten Unterhaltungston sich verflüchtigen zu lassen, dem Aufbrechen der emotionalen Verleugnung weder triumphierend noch bußfertig zu begegnen. Und bei der Arbeit die Entdeckungen: Es ist viel mehr als eine Ost-West-Geschichte, es ist die eines Einzelgängers, eines letzten klassischen deutschen Italienreisenden. Dazu die Überraschung auf dem Buchmarkt: der immer noch wachsende Lesehunger auf dieses Buch, obwohl alle Welt behauptet, von Ost-West-Geschichten die Nase voll zu haben. In dem Erfolg der »Birnen von Ribbeck«, des »Spaziergang von Rostock nach Syrakus« und des »Sonntag, an dem ich Weltmeister wurde« kann man übrigens wieder eine Bestätigung der These von Alejo Carpentier sehen.

Der Roman zur deutschen Einheit? Wenn ich beklage, daß bislang wenige Autorinnen und Autoren sich den neuen Verhältnissen zu nähern scheinen, meine ich nicht, unsere Zunft sei aufgerufen, schleunigst »den Roman zur deutschen Einheit« abzuliefern. Die Erwartung ehrt uns, aber sie ist nicht zu bedienen. Einmal, weil es diese Art der erwarteten Romane wahrscheinlich nicht mehr geben wird (Johannes Mario Simmel und Wolfgang Hilbig lassen sich schwer kreuzen). Und wenn doch: es hat immer Jahre, wenn nicht Jahrzehnte gedauert, bis der Roman zu einer bestimmten Epoche erschienen ist. Aber der Verweis auf die Weltliteratur sollte nicht zur Ausrede werden. Mir geht es schlicht darum, daß offenbar noch nicht sehr viele Autorinnen und Autoren das Unerhörte dessen, was man viel zu bescheiden »Wende« nennt, begriffen haben. Nur wenige stellen sich den seit über fünf Jahren veränderten Wirklichkeiten – ohne sie zu bejammern, ohne sie zu beschönigen. Natürlich entsteht Literatur nicht aus ihrem »Thema«, ihrem Sujet, entscheidend ist allein die Sprache. Bislang, scheint mir, sind nur die Autoren dem Thema gewachsen, die über eine dezidiert eigene Sprache verfügen und, weil sie Unerwartetes schrieben, sehr respektable Beiträge geliefert haben, an denen es viel zu entdecken gibt, ich nenne nur die Namen Hilbig, Drawert, Neumann, Jirgl, Rosenlöcher, Wawerzinek, Marion Titze, Brigitte Burmeister – Jürgen Becker und Grass mit den zu Unrecht verulkten »Unkenrufen« (nicht aber mit »Das weite Feld«). Trotzdem mangelt es an künstlerischen Korrektiven zu den herrschenden flotten Meinungen.

Das Aufregendste an der Forderung nach dem deutschen Roman zur deutschen Einheit ist, daß solch eine Forderung überhaupt gestellt wird. Und sie wird ja nicht nur von ein paar Kritikern und Kulturjournalisten erhoben, man hört sie auch aus dem Publikum, wenn man beispielsweise lesereisend unterwegs ist. Es gibt also noch eine gesellschaftliche Erwartung an die Literatur. Man will sich offenbar nicht mit Theodor Fontane begnügen, der auch ein großer Einheitsgewinnler ist, weil er als Brandenburger Wanderer plötzlich wieder eine riesige Marktlücke füllen konnte. Auch Uwe Johnson, der als unsterblicher Mecklenburger Chronist nun endlich die gebührende Anerkennung findet, soll nach Meinung der literarischen Öffentlichkeit noch nicht der letzte »gesamtdeutsche Autor« gewesen sein. Das deutsche Weltereignis von 1989, muß, so scheint die Erwartung zu sprechen, endlich in einem deutschen literarischen Großereignis gefeiert werden.

Erwartet wird offenbar ein Werk, das die Umbrüche und Umstürze der letzten Jahre ordnet, unserer Gesellschaft auf 500 Seiten zum Ausdruck verhilft, Figuren vorstellt, welche mindestens die Erfahrungen der potentiellen Leser gemacht haben, und die beschleunigte Zeit, die wir wie im Rausch erlebt haben, einmal gerinnen läßt und dadurch überschaubar, konkret und wieder »wirklich« macht und »die Epoche« wiederspiegelt. Auch wenn dies eine eher naive Erwartung an die Literatur ist, ich freue mich, daß es sie gibt. Immerhin ist das ein deutliches Zeichen, daß nicht nur Schriftsteller den (literarischen) Wörtern eine Zukunft wünschen.

Weniger naiv gesagt: Kunst ordnet und zerstört gewohnte Ordnungen, sie ordnet ein Stück Welt neu und macht die Erfahrungen des Künstlers und des Rezipienten, wenn es gut geht, begreiflicher. Unsere Leben laufen nicht nach einem Plan oder einem Drehbuch ab, sie sind chaotisch. Darum lieben und genießen die Leute die Kunst, nicht nur das Erzählte, auch Bilder und Musik. Künstler schaffen mit ihren Phantasien aus dem Chaos der Wirklichkeit und der (eigenen) Gefühle eine Ordnung, obwohl es, wie jeder weiß, eigentlich keine Ordnung gibt.

Was die Zukunft angeht, braucht man ausnahmsweise nicht zu spekulieren, sondern nur zu beobachten: Da das Chaos um uns herum kräftig zunimmt, wächst auch der Zulauf zu den Künsten. Nie zuvor wurde so viel Kunst rezipiert, nie zuvor war der Andrang zu den Kunsthochschulen aller Sparten und ähnlichen karrierevorbereitenden Umtrieben so groß wie heute. Die neuen Erwartungen an die Literatur, sichtbar an der Forderung des deutschen Einheitsromans – wie fürchterlich sich das anhört! – sind also im Grunde die alten Erwartungen. Man wird sich, je wilder die Welt wird, keine Sorgen zu machen brauchen, daß solche Erwartungen absterben.

Der Punkt ist nur: Kunst und Literatur sind nur um den Preis zu haben, daß sie befremden. Wer etwas neu ordnet, zerstört die alte Ordnung, die gewohnten Bilder, die vertraute Wahrnehmung. Valery sagt sogar: »Jede Sicht der Dinge, die nicht befremdet, ist falsch.«[7] Deshalb kann die Erwartung nie erfüllt oder die Erfüllung muß Lüge werden. Aber dieser Widerspruch, dieses Spannungsverhältnis treibt uns voran, die Leser wie die Autoren.

Markt der Meinungen. Auf allen Märkten finden seit 1989 die stürmischsten Entwicklungen statt. Nicht nur bei Bier und Immobilien, Computern und Molkereiprodukten, auch der Markt der Meinungen bleibt von hitziger Konjunktur, kurzfristigen Booms, mittleren Pleiten und großen Fusionen nicht verschont – und das kann nicht anders sein in der marktwirtschaftlichen Gesellschaft, in der wir leben. Wie überall gibt es auch hier einen enormen Verdrängungswettbewerb. Ob die Ergebnisse dieses Wettbewerbs jedoch immer Einheitsgewinne sind, scheint mir fraglich. Aber auch das gehört zum Thema Einheit und Erwartungen, darum möchte ich hier etwas ausführlicher werden.

Es ist längst ein Gemeinplatz geworden, das Jahr 1989 markiere das Ende aller oder vieler oder einiger sogenannter Gewißheiten. Wenn man freilich sorgfältiger hinschaut, wird man bemerken, daß die vermeintlichen Gewißheiten auch vor 1989 keineswegs sonderlich gewiß gewesen sind. Sicher ist nur, daß beim Abräumen der alten Gewißheiten und Denkordnungen neue Gewißheitsapostel aufgetreten sind, die oft im Ton jenes bequemen Zynismus, von dem ich im ersten Vortrag sprach, sehr genau zu wissen scheinen, was heute gesagt, gedacht, geschrieben werden darf – und was nicht.

Man kann sich damit abfinden und alle Beobachtungen beim Studium des Zeitgeists so zusammenzufassen: alles wird egoistischer, rücksichtsloser, hysterischer, gewalttätiger. Über die eigenen Interessen, den eigenen Horizont hinaus zu denken, zu handeln, wird eher bestraft als belohnt. Allgemeiner Triumph des Ja-Nein-Schemas. Das Denken verkommt zum Rechthaben und, auf dem hektischen Meinungsmarkt, zum banalen Rechthabenwollen. Was soll man beispielsweise dazu sagen, wenn eine Rezension in der FAZ nicht einmal ironisch mit der triumphierenden Frage ausklingt:»Wer unterdrückt endlich Peter Schneider?«[8] Was erbost einen Rezensenten an der Zustandsbeschreibung, die Schneider liefert?

»Seit einiger Zeit ist zu beobachten, daß der fetzige Umgangston, der bisher eher in Szeneblättern zu Hause war, auch in den großen Zeitungen Einzug hält. Man kann den Trend zur Ersetzung des Diskurses durch die Beschimpfung, der Polemik durch die Beleidigung mit dem zunehmenden Konkurrenzdruck auf dem Medienmarkt erklären. Das Diktat der ›Kürze‹ und der ›Lesbarkeit‹ erzwingt den Vorrang der Pointe und des schnellen Urteils vor dem Argument: Nicht auf die Sache, sondern auf das Medium, das sie vermittelt, muß die Aufmerksamkeit gelenkt werden. Die Kunst des Etikettierens und des Lächerlichmachens rangiert vor den mühsameren Disziplinen der Beschreibung und der Argumentation, das Ideal des Knalleffekts in möglichst jedem Satz läßt Gedankenketten nicht zu. Was zählt, ist das rasche Ergebnis, das sich an der 1.30-Message orientiert, und die Kunst, mit einem Minimum an Sachaufwand enorm starke Meinungen zu verbreiten.«[9]

Vom Reichtum reden. Alle reden davon, wie schlecht die Zeiten sind, wie schlecht die Menschen, wie schlecht die Bücher – und an soliden Begründungen für etliche dieser Meinungen ist gewiß kein Mangel. Dagegen könnte man hin und wieder versuchen, vom Reichtum her zu denken. Oder gegen das beschleunigte Tempo der kulturellen Sortiermaschinen die altmodische Denkform eines differenzierten Pro und Contra setzen.

Im gegenwärtigen Deutschland, behaupte ich, gibt es einen erstaunlichen Reichtum einer sehr vielfältigen Literatur, aber es ist Mode, diesen Reichtum zu leugnen. Um mal nur die Autorinnen und Autoren zu nennen, die ich gern lese, und ich lese ja auch nur einen sehr kleinen Teil des gegenwärtig Geschriebenen: Warum spricht es sich nicht herum, daß beispielsweise Wilhelm Genazino, bei ähnlichem Ansatz, ein besserer Autor ist als Peter Handke, daß Herta Müller und Libuše Moníková europäische Weltliteratur schreiben? Warum merkt die »Szene« nicht, welch ein genialer Chronist Peter Kurzeck ist und welche Höhen Wolfgang Hilbig erreicht hat? Ähnlich ist es mit der intellektuellen Potenz hierzulande, die sich viel besser entfalten könnte, wenn sie nicht ständig von anderen Energien unterwandert wären, die ihre Triumphe in Selbsthaß, Mißgunst, Masochismus und intellektueller Zerstörungswut suchen. In keinem Land, das ich kenne, sind die destruktiven Angriffe so zur Regel geworden wie hier[10] – gerade nach einem längeren Aufenthalt in den USA merkt man das doppelt und dreifach.

Gelobt wird selten – und wenn, dann gleich in den Himmel. Was schlecht scheint, wird rasch in Grund und Boden gestampft. Wer in einer Saison oben war, kriegt in der nächsten eins auf den Deckel. Die allgemeine Grundhaltung: erst mal sich mokieren, erst mal runterputzen. Nichts gegen heftigste Meinungsäußerungen, gegen Polemik und Wut in den Debatten, aber einiges gegen die hemmungslose Beißwut und eine denkfaule Gehässigkeit auf den Wortschlachtfeldern.

In diesem Land wird viel kultureller Reichtum verschleudert, weil es an einer Kultur fehlt, der Kultur der Toleranz und der Bescheidenheit des Nichtrechthabenwollens. Sicher werden hier auch Generationenkonflikte als Verdrängungswettbewerbe ausgetragen, aber selbst innerhalb der Generationen zeigen sich die gleichen Phänomene. Für die neunziger Jahre könnte man einen Verlust der Neugier und eine fast neurotische »Unfähigkeit zu loben« konstatieren, loben bei vollem kritischem Verstand, versteht sich.

Pro domo. Sage ich das, weil ich mich nicht genug gelobt fühle? Nein, mir geht es um das Phänomen des Jammerns und Niedermachens mitten in einer blühenden Kultur. Was die subjektive Seite betrifft: Natürlich schmerzt es, wenn man gerade in den Jahren seit 1989 in den führenden Blättern viel mehr verrissen oder ignoriert wird als früher – ausgerechnet mit Büchern, die komplexer sind als die früheren und überdies populärer. Trotzdem bin ich nicht so beschränkt, Lob einzuklagen, eine fundierte Kritik ist mir lieber als eilfertiges Lob. Pro domo ist mein Wunsch ganz einfach und altmodisch, Albert Camus hat ihn so formuliert: »Ich verlange nur eines, und ich verlange es bescheiden, obwohl ich weiß, daß es exorbitant ist: mit Aufmerksamkeit gelesen zu werden«[11].

Alarmanlagen. Gibt es in der schreibenden Zunft noch das eine gemeinsame Interesse: die *Vielfalt* der Argumente, Differenzen, Geschichten, Debatten fördern zu helfen, also den Humus unserer Arbeit zu pflegen? Die Bereitschaft, gerade von den Meinungen sich anregen zu lassen, die man *nicht* hat? In den oberen Etagen Beißen und Treten, in den unteren kindisches Jammern. Merkt noch jemand, was uns verlorengeht?

Viele Debatten laufen deshalb schief, weil bei manchen Leuten, wenn sie bestimmte Namen hören, nur noch die Alarmanlagen aufleuchten. Noch nie, scheint mir, sind unter Schriftstellern so viele Freundschaften zerbrochen wie in den letzten fünf Jahren. Die in der Zunft ohnehin niedrige Schwelle für Eifersucht, Neid und üble Nachrede ist in den letzten Jahren noch weiter abgesunken. Oft genügte ein Wort, ein Satz, und die Abscheu wuchs ins Unermeßliche. Ich finde es bedauerlich, daß bei vielen Leuten, je nach Standpunkt, bei bestimmten Namen *nur* noch die Alarmanlage anspringt statt der Neugier auf deren Argumente. Ach, wenn die so Empfindlichen danach nicht so laut über den Verfall der politischen Kultur jammerten!

Wer als Schriftsteller oder Redakteur Artikel oder Aufrufe gegen die rechte Gewalt verfaßt und an einem andern Tag über schreibende Kollegen, die in der einen oder anderen Frage eine andere Meinung haben, mit undifferenzierter Wortgewalt herfällt, dem wäre zu empfehlen, auch einmal über den Skinhead in sich nachzudenken.

Wer die eigene Bissigkeit nur noch auf die Gegner im Feuilleton richtet und nicht mehr auf wichtigere Schwachpunkte der Gesellschaft, sollte sich über die wachsende Orientierungslosigkeit nicht wundern.

Ich verstehe, warum der Einzelhandel den Sommerschlußverkauf braucht. Ich verstehe, warum der Kulturhandel immer hektischer die Lager ausräumen und umordnen zu müssen meint. Schriftsteller aber, die z.B. etwas tun wollen gegen die zunehmende Gewalt, könnten etwas tun gegen die Abräum-Moden in ihrem Metier und für eine Kultur des Nichtumjedenpreisrechthabenwollens.

Exkurs über das Rechthaben. Wenigstens eines könnte heute leichter gelernt werden denn je: eigene Urteile und Meinungen in Frage zu stellen oder heiteren Sinns in Frage stellen zu lassen. Das vermisse ich nicht nur bei »Linken«, sondern ebenso bei denen, die den Sieg der Marktwirtschaft als persönlichen oder historischen Triumph empfinden. Ebenso bei denen, die sich in alte Meinungen verbeißen, und denen, die nur noch ans schnelle Geld denken. Aber ehe ich hier in alle Richtungen predige, lasse ich lieber ein Zitat aus Goethes »Wilhelm Meister« und drei andere Zitate unkommentiert folgen, die ich jüngst zum Thema Rechthaben gefunden habe:

»Den anderen Morgen unterließ er (Wilhelm) nicht den ernsten Montan hierüber zu befragen, indem er ausrief: Gestern konnt' ich dich nicht begreifen, denn unter allen den wunderlichen Dingen und Reden hofft' ich endlich deine Meinung und deine Entschiedenheit zu hören, an dessen Statt warst du bald auf dieser, bald auf jener Seite, und suchtest immer die Meinung desjenigen der da sprach zu verstärken. Nun aber sage mir ernstlich was du darüber denkst, was du davon weißt. Hierauf erwiderte Montan: Ich weiß soviel wie sie, und möchte darüber gar nicht denken. – Hier aber, versetzte Wilhelm, sind so viele widersprechende Meinungen, und man sagt ja die Wahrheit liege in der Mitte. – Keineswegs! erwiderte Montan: in der Mitte bleibt das Problem liegen, unerforschlich vielleicht, vielleicht auch zugänglich, wenn man es darnach anfängt.

Nachdem nun auf diese Weise noch einiges hin und wider gesprochen worden, fuhr Montan vertraulich weiter fort: Du tadelst mich, daß ich einem jeden in seiner Meinung nachhalf, wie sich denn für alles noch immer ein ferneres Argument auffinden läßt; ich vermehre die Verwirrung dadurch, das ist wahr, eigentlich aber kann ich es mit diesem Geschlecht nicht mehr ernstlich nehmen. Ich habe mich durchaus überzeugt, das Liebste, und das sind doch unsere Überzeugungen, muß jeder im tiefsten Ernst bei sich selbst bewahren, jeder weiß nur für sich was er weiß und das muß er geheim halten; wie er es ausspricht, sogleich ist der Widerspruch rege, und wie er sich in Streit einläßt, kommt er in sich selbst aus dem Gleichgewicht und sein Bestes wird, wo nicht vernichtet, doch gestört.«[12]

Der Philosoph Hans Georg Gadamer: »Es ist auch etwas sehr Gutes in dem Gedanken, gegen alle eigene Überzeugung unrecht zu haben. Hermeneutik heißt: die Möglichkeit, immer damit zu rechnen, der andere könnte recht haben.«[13]

Der Dichter André Gide: »Jedes Urteil trägt in sich das Zeichen einer Schwäche ... Immer sehe ich fast gleichzeitig beide Seiten einer Idee, und die Gemütsbewegung polarisiert sich stets bei mir ... Wenn ich aber mit zwei Freunden zusammen bin und diese verschiedener Meinung sind, stehe ich gereizt zwischen beiden und weiß nicht mehr, was sagen, wage nicht, Partei für einen der beiden zu nehmen; ich stimme jeder positiven Äußerung zu, lehne jede negative ab.«[14]

Und noch einmal Albert Camus: »Das Bedürfnis, recht zu haben – Kennzeichen eines gewöhnlichen Geistes.«[15]

»Man muß schreiben, nicht disputieren.« Warum spreche ich über Rechthaberei im Zusammenhang mit der deutschen Einheit? Das Ende der bipolaren Welt hat allenthalben zu neuen Polarisierungen eingeladen. Für Leute, die Wörter machen oder gar an die Zukunft der Wörter denken, eine riesige Herausforderung – Ulrich Beck hat, ich habe es anfangs zitiert, sogar von einem »Sprach-Vakuum« gesprochen, das zu füllen sei. Immer wieder wird unsereiner auf die Frage gestoßen: wie reagiere ich darauf? Ich bin ja auch nicht schlauer als andere, ich habe keine gebrauchsfertigen Antworten. Was ist *subjektiv* zu tun?

Was das Schreiben angeht, ist nur eines wichtig: zu wissen, daß ich die Arbeit tue, die kein Mensch außer mir machen kann, so gut – also unverwechselbar – wie möglich. Dabei denke ich an das alte Motto vom alten John Donne, das ich vom alten Franz Tumler habe: »To find out what you cannot do and then go and do it, there lies the golden rule.«[16]

Aber ich stecke in einem Widerspruch: »eigentlich« müßte ich mich mehr einmischen, auch publizistisch, aber »eigentlich« ist die Literatur mein Feld und von größerem libidinösen Gewinn.

Immer öfter fallen mir Themen für einen Essay, für einen Disput ein, aber fast immer belasse ich es bei Notizen. Ich weiß, andere sind intelligenter im Denken, schärfer im Beobachten, besser im Formulieren, schneidiger im Reden. Sollen sie, warum denn ich. »Man muß schreiben, nicht disputieren«, sagt Camus, Constant zitierend[17]. Allmählich weiß ich, wo meine Stärken liegen. Aber die Scheu sitzt tiefer. Was ich denke, ist tendenziell ein Gemeinplatz. Was ich schreibend erzähle, kann nur ich erzählen.

Liebeserklärung an die Literaturkritik. Manchmal möchte ich eine Liebeserklärung an die Literaturkritik schreiben. Warum nicht so: Wie arm sind die guten Leute dran, die hauptberuflich die Früchte vom Baum der Erkenntnis der Literatur nach Trends sortieren und wägen, wegen Überfütterung an fehlendem Hunger leiden und immer überdrüssiger, großräumiger, pauschaler urteilen! Die in jeder Saison wieder durch Verlagsprospekte, Pressetexte und Neuerscheinungen zappen, oft von der Angst gehetzt, die wirklich wichtigen Bücher zu verpassen oder die, über die man spricht, oder die, die neben dem Trend liegen und mit denen man sich profilieren kann! Mich erfaßt schon Panik, wenn ich die Bücher gestapelt sehe, die durchschnittlichen Literaturredakteuren pro Woche geliefert werden. »Es hat seit Jahren kein wirklich bedeutendes Buch in der deutschen Literatur mehr gegeben«, schrieb neulich ein ansonsten aufgeweckter Berliner Kritiker, er schrieb es wohl Frankfurter oder Hamburger Quellen nach. Als ich ihn fragte: »Finden Sie, daß beispielsweise Libuše Moníkovás ›Fassade‹ kein bedeutendes Buch ist?«, erbleichte er. Die Speicher- und Sortiersysteme des Betriebs funktionieren schlecht. Warum sonst »geht« das Moníková-Buch nicht wie eines von Milan Kundera? Warum »gehen« Schädlichs »Tallhover« oder »Schott« nicht wie z.b. die Bücher Nootebooms? Der Markt, der rätselhafte. Aber die Kritik?

Zu analysieren wäre das allmähliche Verschwinden der Kritik aus der Literaturkritik in den letzten zwanzig Jahren. Die

Abwertung ästhetischer Leistung bei wachsender Akzeptanz der Leistungsgesellschaft. Die Personalisierung der Debatten. Und die Konjunktur der Häme, die von ihren Urhebern meistens mit Polemik verwechselt wird (Polemik, man vergleiche einmal Karl Kraus, Walter Benjamin usw., setzt zumindest einige Sachkenntnis voraus). Auf der Flucht vor den vielen Büchern, in denen Autorinnen und Autoren ihr Ego ausstellen, bleibt den zuweilen von Minderwertigkeitsgefühlen, zuweilen von Überdruß geplagten Literaturbeobachtern oft nur die Überheblichkeit: ›Da ist ja wieder einmal nichts Gutes dabei‹ oder der Ego-Journalismus ›Wenn nichts mehr taugt, dann wenigstens mein Verriß!‹. So wird das Sensorium für ästhetische Leistung nicht gerade gefördert.

Ein keineswegs namenloser Literaturkritiker einer namhaften Zeitung hat das frank und frei so ausgesprochen: »Eine Kritik soll mir und den Lesern Spaß machen, das ist das Wichtigste, alles andere ist sekundär.« Das Vorstellen eines Buches, eines Plots, das Erfassen seiner Struktur, Bilder und Gedanken, das genauere Verstehen, der zweite Blick usw., alles, was mit ernsthafter Anstrengung verbunden sein könnte, gilt als sekundär. Der Autor hatte ja schon seine Befriedigung oder seinen Spaß beim Schreiben, also hat der Kritiker auch ein Recht darauf. Egal, wo und wie er diesen Spaß sucht. Gegen den Spaß hab ich, wie Sie hoffentlich auch, nicht das geringste – aber wenn der zum einzigen Kriterium wird, was kommt dabei heraus? Dieser Spaßhaber-Rezensent könnte gleich zur Restaurantkritik oder zur Autoseite wechseln. Das erfordert weniger Vorarbeit. Aber auf den Feuilleton-Feldern sind Marktwert und Karriere leichter zu holen. Der Reiz ist groß, über den geistigen Häuptern der Nation den Daumen nach oben oder nach unten drehen zu dürfen. Also bleibt man bei der Literatur- und Kulturkritik und nimmt sich gleichzeitig Unterhaltungsmoderatoren zum Vorbild: bissig, skurril und vor allem respektlos. Eine Yuppie-Ästhetik, in der kein Gedanke mehr entsteht oder vermittelt wird, nur noch ein bequemer Zynismus, der alles platt macht. Diese Leute bemerken dann nicht einmal mehr die Ironie ihres Unglücks, sie beginnen sich nur irgendwann zu wundern, daß sie so schnell alles anödet, so schnell alles langweilt, sie müssen ihre eigene Enttäuschung, ihre Leere mit immer wütenderen Angriffen kompensieren. Deshalb wäre sie endlich einmal fällig, wenn man sonst nichts zu tun hätte, die Liebeserklärung an die Literatu*rkritik.*

Einmischen, aufmischen. Zurück zu den Einheitsgewinnen resp. -verlusten. »Überall werden«, ich zitiere noch einmal Ulrich Beck, »die alten Leerformeln wiederbelebt – Wirtschaftswachstum, Arbeitsplatzsicherheit, technischer Fortschritt, nun auch der Ruf nach dem ›starken Staat‹. Deshalb ist es notwendig, überhaupt erst einmal die Sprache für eine Reformpolitik zu öffnen. Das Vakuum, das Neuland, in dem wir uns nach dem Zusammenbruch der Ost-West-Ordnung befinden, muß mit neuen Kategorien und Theorien ausgelotet werden, um es gestaltbar zu machen. (...) Wenn es nicht gelingt, die Menschen im Aufbruch zu neuen Ufern zu begeistern, mündet die ihre eigenen Grundlagen aufhebende Moderne möglicherweise ein in milde oder militante Formen des Neofaschismus«.[18] Ich würde nicht so eilig das Gespenst eines Neofaschismus oder Fundamentalismus beschwören. Ich bin auch nicht sicher, ob es neue Ufer geben kann, geschweige denn neue Aufbrüche. Wäre es nicht schon ein Fortschritt, wenn die alten Ufer neu und grün befestigt wären?

Ein Konsumentenverhältnis zu der Staatsform, in der wir leben, können wir uns nicht leisten. Die Demokratie ist zweihundert Jahre lang erkämpft, erstritten, eingeengt, verloren und wiedergewonnen worden. Deshalb müßte daran weiter gekämpft, gestritten, gearbeitet werden. Unser vergleichsweise liberaler und freier Staat wird nicht zuletzt dadurch anfällig und deliberalisiert, daß wir ihn als gegeben und dauerhaft hinnehmen und passiv bleiben.

Es ist nicht jeder Autorin oder jeden Autors Sache, sich kritisch einzumischen in öffentliche Belange. Aber wer es nicht tut, sollte wissen, daß er damit seinen Spielraum möglicherweise verkleinern hilft. Ich wünsche mir zum Beispiel, daß mehr von den in der DDR erworbenen dissidentischen Tugenden auch im veränderten Deutschland lebendig bleiben. Es reicht nicht, ab und an den Mund aufzumachen, sondern man muß ihn auch da aufmachen, wo es sich nicht gehört.

Der altmodische Plural. Immer noch denke ich, wenn ich an das denke, was zu tun wäre, auch an die schreibenden Leute insgesamt. Dabei liegt mir nichts ferner, als die Sensibilitäten und Neigungen anderer Schriftsteller beeinflussen zu wollen. Selber schuld, wer nicht merkt, was ihm oder ihr entgeht an Geschichten und Möglichkeiten. Trotzdem: der appellative Gestus führt in die überflüssigsten Mißverständnisse. Dazu der Merksatz von Simone Weil: »Es ist um die Intelligenz geschehen, sobald der Ausdruck des Denkens explizit oder implizit von dem kleinen Wort ›wir‹ begleitet wird.«[19]

Hinter dem »Wir« steckt noch etwas von der Hoffnung, es gäbe in der schreibenden Zunft zumindest ein gemeinsames Interesse: den Reichtum der Argumente, Differenzen, Geschichten, Debatten fördern zu helfen. Ich jedenfalls zehre fast mehr vom Widerspruch als von der Zustimmung.

Günstige Zeiten Fragezeichen. Selten, sagte ich, waren für Schriftsteller die Zeiten so günstig. Ich kenne die Einwände, die bekannten Stichworte: Kommerzialisierung, Kulturabbau, Vertreibung der Produzenten als Folge allesfressender Personaletats, und so weiter, und so weiter. Noch liegt Deutschland mit an der Spitze der Kultur fördernden Nationen, aber es wird nicht lange dauern, und wir haben uns hier aufs Weltniveau hinabentwickelt. Dagegen soll nach Kräften geschimpft und protestiert werden, aber nicht mit Arbeitsplatzargumenten, sondern unter dem Aspekt: ob diese Gesellschaft auf lange Sicht die Vielfalt will, also die Demokratie, oder die Einfalt, die Gleichmacherei, also, Vorsicht, ich überspitze: die Diktatur. Könnte man sich, wenn man um Zukunft streitet, nicht einmal darum streiten?

Die Preise, die Preise. Die Einheit ist teuer. Getrennt, so scheint es, lebte man ungestörter, billiger und besser, sagt mancher Westmensch. Auch für Wortunternehmer wird es ökonomisch schwieriger, keine Frage. Aber die Schritte des Abbaus von Kultur, die Verdrängung des differenzierenden Worts und die multimediale Wirkungslosigkeit des Arguments, auch des ästhetischen Arguments, verhelfen auch zu einer vielleicht ganz nützlichen Nüchternheit. Die Fixierung auf den Erfolg der Saison, die sich mehr und mehr auf etwa zwei Monate verkürzt, belohnt unterschwellig doch die mit längerem Atem ausgestatteten Autorinnen und Autoren. Es bringt nichts, um schnellen Erfolg zu wetteifern. Auch die Bigotterie mancher Kritiker, die heute jeden politischen Gedanken in Werk und Tat verdammen, morgen mit der gleichen Empörung eine zur tagesaktuellen Lage paßgenaue Erklärung einklagen, könnten Autorinnen und Autoren als Einladung betrachten, beharrlich schon heute an Gedanken und Fiktionen von morgen zu arbeiten.

Die Erwartungen an die Zukunft der Wörter sind groß. Es gibt viele Erwartungen zu enttäuschen und – für Überraschungen zu sorgen. Ich sehe uns seit 1989 nicht an einem Ende, sondern an einem Anfang. »Alles Gescheite ist schon gedacht worden, man muß nur versuchen, es noch einmal zu denken.« Auch dieses Zitat ist schon zitiert worden. Man muß nur versuchen, es noch einmal an den Anfang zu stellen.

Mißverstanden wird man sowieso, meistens sogar mit Absicht.

Warum ich mich
vor Elias Canetti verneige
oder
Wörter, Bilder, Maschinen

Im Mai 1988 habe ich bei dem europäischen Schriftsteller-kongreß »Ein Traum von Europa« in Berlin, auf dem der Zerfall der Blöcke zwar nicht erwartet wurde, aber schon ein wenig zu ahnen war, die kleine Rede »Canetti und Computer« gehalten[1]. Ich stützte mich vor allem auf das Buch von Vilém Flusser, »Ins Universum der technischen Bilder«.[2] Es war einer der Beiträge, die sich von der Fixierung auf die Ost-West-Gegensätze oder – Ähnlichkeiten zu lösen versuchten, mein erster Anlauf, etwas zu jener grenzenlosen Erfahrungswelt zu sagen, die, scheinbar unabhängig von politischen Systemen, zur »neuen Mutationsphase des Menschen« führt. Sieben, acht Jahre sind für die technologische Entwicklung eine sehr lange, für die menschliche Entwicklung und Mutation eine sehr kurze Phase. Was hat sich seitdem geändert? Wo liegen mögliche Denkfehler, falsche Ängste, absurde Übertreibungen? Ist nicht schon Flussers These von der »neuen Mutationsphase des Menschen« eine gigantische Einschüchterungsformel? Ich zitiere mich selbst, sorry:

»Wir befinden uns mitten in einer Kulturrevolution, in einer neuen Mutationsphase des Menschen, wie Flusser sagt, Träger dieser Kulturrevolution sind die technischen Bilder. Das mag in Japan und den USA deutlicher sein als in Europa. Manche Europäer sehen Europa deshalb als Provinz, als Opfer von Sony und Hollywood – und dies Selbstmitleid trübt zusätzlich

den Blick. Weil diese Revolution nicht von Intellektuellen aus-
geht, haben gerade die europäischen Schriftsteller noch die
größten Schwierigkeiten zu verstehen, was um sie herum, gegen sie, mit ihnen stattfindet. (Italo Calvino und Hans Magnus
Enzensberger gehören zu den Ausnahmen.)

Was da stattfindet, welche Zusammenhänge zwischen neu-
en Techniken und neuen Bewußtseinsformen bestehen, hat
Vilém Flusser 1985 zusammengefaßt und zugespitzt:

›Wir sind daran, eine Bewußtseinsebene zu erklimmen, auf
welcher das Erforschen der tieferen Zusammenhänge, das Erklären, Aufzählen, Erzählen, Berechnen, kurz das historische,
wissenschaftliche, textuell lineare Denken von einer neuen,
einbildenden ›oberflächlichen‹ Denkart verdrängt wird ... Alle Erkenntnistheorie, Ethik und Ästhetik, und vor allem das
Lebensgefühl als solches, sind im Umbruch begriffen. Wir leben in einer eingebildeten Welt der technischen Bilder, und
wir erleben, erkennen, werten und handeln immer häufiger in
Funktion dieser Bilder. Wir verdanken diese Bilder einer
Technik, welche aus wissenschaftlichen Theorien stammt –
Theorien, die uns unabweisbar belehren, daß ›in Wirklichkeit‹
alles ein zerfallender Punktschwarm ist, eine gähnende Leere.
Die Wissenschaft und die aus ihr hervorgegangene Technik,
diese Triumphe der westlichen Zivilisation, haben einerseits
die objektive Welt um uns herum in ein Nichts zerrieben und
uns andererseits in eine Welt der Einbildung gebadet.‹[3]

Kurz, hier vollzieht sich ›eine Mutation unserer Erlebnisse,
Erkenntnisse, Werte und Handlungen.‹ Möglich, daß Flusser
übertreibt, aber er übertreibt in die richtige Richtung, er
zwingt zur Auseinandersetzung. Ich begrüße diese Mutation
nicht; aber ich will versuchen, sie nicht länger zu ignorieren.
Denn sie wird nicht abwendbar sein. Sie wird, früher oder später – man darf hier in längeren Zeiträumen als Jahrzehnten
denken –, jeden Menschen in jedem Winkel Europas erreichen.

Das Neue ist gegen uns gerichtet. Wir spüren das. Wir sind, einerseits, die Fossilien (ich zum Beispiel gehöre zur letzten Generation, die ohne Fernsehen aufgewachsen ist, und sehr wenige Schriftsteller, selbst wenn sie an elektronischen Schreibmaschinen von vielen Megabyte arbeiten, kennen sich in der Computerwelt aus). Trotzdem, denke ich, sollten wir uns in die Lage versetzen, das Neue, auch wenn es gegen uns gerichtet ist, zu kritisieren. Denn wir haben, andererseits, das Privileg, nicht passiv abwartend mitlaufen zu müssen, das Privileg, dem geräuschvoll-stummen Selbstlauf der Dinge Sprache entgegensetzen zu können. Wir haben das Privileg, uns sachkundig machen zu können, zu differenzieren und beispielsweise zu erkennen, wo die Computerkultur, trotz der von ihr stimulierten Mutationen, die Option für eine Entwicklung in Richtung Demokratie hat und wo nicht.

Was kann die Grundlage, der Ausgangspunkt der Kritik sein?

Wir stellen fest: die technischen Bilder erleichtern alle Versuche, die Zuschauer mit Blindheit zu schlagen. Sie produzieren Zerstreuung im doppelten Sinn, also das, was die Kulturkritik wahrscheinlich zu Recht Vereinsamung, Entindividualisierung, Leere nennt. Die technischen Bilder, die heutigen Schaltpläne greifen beharrlich die Eigenschaft der Gattung Mensch an, sich zu sammeln und versammeln, seine Geselligkeit, sein Bedürfnis, den Dialog mit dem andern zu führen.

Wer jedoch bei diesen Feststellungen stehenbleibt, macht es sich allzu bequem. Denn die technischen Bilder wirken nur dann in dieser Weise, wenn der Weg zwischen Sender (Zentrale) und Empfänger nur in eine Richtung läuft, monologisch, hierarchisch. Doch es ist möglich, den Weg umgekehrt zu denken und zu gehen. Die Technik jedenfalls versperrt sich dieser Umkehrung nicht, den dialogischen Wegen nicht. Darum ist es nutzlos, die Bilder oder gar die Geräte zu kritisieren.

Es ist produktiver, die Produktion der Bilder und ihre Übermittlung zu kritisieren, die Schaltpläne.

Dies könnte die Basis der Kritik sein, dies beschreibt ihre Möglichkeit und Notwendigkeit. Das einzig sinnvolle, revolutionäre Engagement, meint Flusser, sei heute, die Fähigkeit zum Dialog zu erkämpfen oder zu erhalten, ja, zu erweitern. Aber das ist nur möglich mit einer gewissen Kenntnis und kritischen Bejahung der zukunftsbestimmenden Technologien. (...) Ob Schriftsteller dabei noch mitreden wollen und können, weiß ich nicht. Ob sie mehr zu bieten haben als die Antworten ihrer Bücher, weiß ich auch nicht. Aber ich wünsche mir, daß sie hin und wieder die Kraft und den Spaß aufbringen, diesen Debatten Zunder zu geben und nicht immer nur hinterherzuhinken.

Sicher ist immerhin das eine: Bestimmte, uns lieb gewordene Antworten reichen nicht mehr aus. Die alten Reden von Zerfall und Dekadenz mit eloquenter Kulturkritik plus Verachtung der Massen und Verachtung der Medien. Nicht besser ist jener blasse Konservatismus, der überall nur den Untergang oder das Ende der Geschichte wittert.

Ich schlage vor, in folgende Richtungen zu denken. Die Kulturrevolution in ihrer ganzen Wucht und Tiefe erkennen und zur Rede stellen, das heißt, zum Thema machen. Die Computerkultur als eine nicht nur potentiell, sondern prinzipiell demokratische Kultur verstehen. Technische Fragen zu politischen machen, also auch zu literarischen. ›Die Technik ist gegenwärtig eine zu ernste Sache, um Technikern überlassen werden zu können‹ (Flusser). In Konkurrenz zu den Bildern, im Kampf mit den Bildern (nicht gegen sie) das Potential der Phantasie der Worte neu entfalten. Das Verhältnis Mensch-Apparat neu bestimmen helfen, nicht gegen die Apparate, jedenfalls nicht gegen alle. Den Versuch einer Allianz Technik – Intellektuelle (der Nichttechniker), um gegen die

Bilder und Informationshierarchien die ›dialogischen Fäden‹ (Flusser) zu ziehen.

Genau darin sind wir ja, ohne uns dessen immer bewußt zu sein, Experten. Weil die Literatur nicht teilt, nicht angleicht, sondern ein klassisches Medium des Dialogs ist. Die künftigen Gesellschaften, wenn sie demokratische sein sollen, brauchen massenhaft genau das Element, das u.a. der Literatur in winzigen, weil individuellen Einheiten ihre winzige, dennoch ungeheure Sprengkraft gibt.«

Fluchtreflexe. In diesem Beitrag aus dem Jahr 1988 sehe ich zunächst einen bescheidenen Versuch, der begreiflichen Scheu vor der allesfressenden »Informationsgesellschaft« und dem üblichen Fluchtreflex vor der mitreißenden Geschwindigkeit auf den Datenautobahnen zu widerstehen. Ein etwas hilfloses Bemühen, angesichts der expandierenden Bildschirmwelten nicht zu einem der »Analphabeten des digitalen Zeitalters« zu werden. Analphabeten in diesem Sinn sind nach Meinung von Peter Glotz »die literarisch gebildeten Humanisten, die sich einbilden, ohne Computer und ›Medienalphabetismus‹ (medialiteracy), ohne ›Informatikentschlossenheit‹, ohne einen Begriff von der elektronischen Demokratie und der elektronischen Bürgerschaft auskommen zu können.«[4] Analphabet, das möchte man sich nicht nachsagen lassen, darum versuche ich auch heute zumindest hinzuhören und ein Minimum dessen zu verstehen, was zu erwarten sein wird. Ich möchte nicht vor Schreck zusammenzucken, wenn jemand, und hieße er Glotz, behauptet: »Die modernen Medientechnologien sind eine neue Schrift, sie werden die Welt verändern wie das Alphabet.«

Was also, wenn man vor dieser absehbaren Wirklichkeit nicht flieht, sie sogar mit Augen und Hirn zu fixieren versucht? Wenn man nur ein einflußloser und wenig beeinflußter

Zaungast, also kein Politiker, kein Aktienbesitzer und kein intensiver Konsument ist? Immerhin sind ein paar Reflexionen und Argumente möglich – im alten Alphabet. Ich weiß, ich habe den Mund schon zu voll genommen. Ich selbst habe fast nichts von den guten Vorsätzen des Jahres 1988 eingelöst, habe weniges mit kritischer Aufmerksamkeit verfolgt und hinke dem Stand der Diskussion weiter hinterher als damals. Immerhin, einen literarischen Annäherungsversuch hat es gegeben, ein Theaterstück »Nacht der Rechner, Tag des Lächelns«. Im Mittelpunkt eine Figur, die dem deutschen Computererfinder Konrad Zuse ähnelt, der in eine moderne klassische Walpurgisnacht in den USA versetzt wird, dazu einige Figuren aus der Computergeschichte und »Faust 2« und das Subthema, wie das Rechnen zunehmend die Wahrnehmung beherrscht.

Die Krise der Bilder. Seit 1988 hat sich eine Menge verändert. Damals starteten gerade die ersten Privatfernsehsender. Heute zählen wir die Kanäle schon nicht mehr, jeden Monat kommen neue hinzu, andere verschwinden. Das öffentlich-rechtliche Fernsehen, mit einem Bildungsauftrag ausgestattet, dämpft, wie Michael Rutschky sagt, Reize und kontrolliert Affekte, und die privaten Sender strahlen dazu »das Kontrastprogramm aus, starke Reize, die Affekte stimulieren sollen.«[5] Kein Wunder, wohin der Trend geht. Mich interessieren dabei weniger die angeblichen oder wirklichen Niveauverschiebungen (Rutschky meint ohne Bedauern, die Privaten brächten das «Niveau der moralischen Anstalt auf das Niveau des Jahrmarkts herunter») oder die angebliche Zerstörung der Kultur, sondern die allgemeine Veränderung von Rezeptionsgewohnheiten, die ein anderer Beobachter so beschreibt: »Eine rabiate Emotionsdramaturgie ... trommelt auf die Seelenhaushalte der Konsumenten ein wie ehemals ein Gottesdienst mit seinen guten oder schrecklichen Nachrichten ... Vor allem Inhalts-Sinn ist Fernsehen ein Reiz, der unser Zentralnervensystem direkt anspricht. Der Mensch liebt es, wenn sein Wahrnehmungsapparat beschäftigt wird.«[6] Bitte, verstehen Sie mich nicht falsch: Ich will nicht die alte Debatte über die Abhängigkeit von elektronischen Drogen mit neu aufgemischten Pro- und Contra-Argumenten aufwärmen. Mich interessiert etwas anderes, nämlich die Krise der Bilder. Ich meine damit, schamlos vereinfacht, die Fernsehbildschirmbilder, nicht die Filmbilder oder Fotos oder die Malerei. Mir scheint, daß die Eruption der technischen Bilder, deren Gewalt Flusser und andere heraufbeschworen haben, schon wieder nachläßt.

Roger Willemsen, zugleich Fernsehmoderator und Fernsehkritiker, zieht die schonungsloseste Bilanz: »Die Bilder tragen keine Botschaften mehr, sie tun nur so, die Signale gehen nach nirgendwo, die Netzhaut wird belichtet, aber ohne daß dabei ein Blick zustande käme. Das filmische Leben ist ohne Epik, die eigentlichen Filme klaubt die Fernbedienung zusammen: Handlung ist ungenießbar, denn Handlung hat, ungeschnitten, das eigene Leben, genießbar ist die asyntaktische Zufallsreihung von Zuständen. Das Leben verliert den Charakter einer Erzählung, es wird nicht besser, aber fotogener, und die letzten, die noch ein ganzes Bild von der Welt haben, werden die Blinden sein.«[7] Wenn ich hier ergänzen darf: die letzten, die noch ganze Bilder haben, werden die Leser sein – aber dazu später.

Wir stehen möglicherweise am Anfang einer Entwicklung, die ich mit einiger Schadenfreude begrüße. Die technischen Bilder, so scheint es, heben sich gegenseitig auf, überlagern, zerstören sich, bevor sie sich vor unseren Augen richtig entfalten können. Die Wahrnehmungsfähigkeit der Subjekte wird permanent überfordert, das rächt sich. Nicht nur bei den

Zuschauern, auch bei den sie attackierenden Bildern. Die vielen Bilder löschen sich gegenseitig aus.

Rettung für die Bilder und die Subjektivität des Zuschauers bietet allein die Fernbedienung. Die Gewohnheiten des Zappens, Surfens und Switchens sind bekannt und oft beschrieben, man kann den Effekt leicht an sich selbst beobachten: jeder zappt sich seinen eigenen Fernsehabend zusammen, und das ist ja fast eine kreative Tätigkeit. Der Vorgang des Umschaltens, wenn uns etwas nervt oder zu langweilen scheint oder allzu bekannt vorkommt, gibt uns Zuschauern einen Teil der Macht über die Bilder wieder und ein Überlegenheitsgefühl dazu. Auch damit machen wir die Bilder leerer, durch das fixe Umschalten entwerten wir sie, falls es da noch etwas zu »entwerten« gibt. Man begegnet ihnen mit immer größerer Ungeduld, bis man nur noch die eigene Ungeduld, die eigene Hilflosigkeit »sieht.«

»Das paradiesische Angebot der 177 Fernsehkanäle«, schreibt Péter Nádas, »steigert nur noch meine Not: werde ich doch auf noch mehr Fragen nicht antworten können. Meine Hilflosigkeit verstimmt mich: immer unzufriedener, sehne ich mich nach immer größeren Reizen.«[8]

Paul Virilio, der Theoretiker der Entwicklung der Beschleunigung, stellt fest, daß der Wunsch, alles sehen und durchschauen und transparent machen zu wollen (einst das Ziel der Aufklärung), heute kollabiert. Die »Sehmaschine« produziere vor allem blinde Flecke. Das Problem von Presse und Fernsehen liege weniger darin »was sie fähig sind zu zeigen, sondern vielmehr darin, was sie in der Lage sind zu verschleiern und zu verheimlichen, was bisher ihre Macht wesentlich begründete.«[9]

Die Bilder implodieren gewissermaßen, es bleibt das bunte Nichts oder, nach Virilio, der blinde Fleck. War also die Aufregung von Flusser und fünfhundert weiteren Professoren und fünfzigtausend Studienräten und einer Handvoll Intellektueller umsonst? Viel wird geklagt über die Wandlung des homo sapiens zum homo videns, und diese Beobachtungen sind ja, solange sie nicht allzu moralisch gefärbt sind, nicht falsch. Aber es wird verhältnismäßig selten gefragt, ob wir über eine relativ harmlose Droge nicht doch etwas zu viel Geschrei machen oder gemacht haben. Entwickelt sich nicht alles so, als wollten Regisseure, Redakteure, Moderatoren, Intendanten, Anteilseigner und tutti quanti der These von Hans Magnus Enzensberger vom Fernsehen als Nullmedium recht geben?[10]

Der Fälscher ist der Held. Die Krise der Bilder geht noch tiefer. Nachrichten konnte man schon immer leicht fälschen, nun erwischt es auch die Träger fotografischer Wahrheiten, die Bilder. Sie erinnern sich vielleicht noch an den Golfkrieg und die modernsten Lügenmärchen auf den Bildschirmen. Heute kann jeder halbwegs versierte Freak mit digitaler Bildbearbeitung die perfektesten Fotofälschungen erstellen. »Einzelne Fotos sind nur noch Mosaiksteine für eine neue Bildidee, die der Computer so umsetzt, wie sie in der Phantasie des Benutzers entstanden ist ... Die Bilder der Zukunft entstehen am Monitor«.[11] Das eröffnet neue künstlerische Ausdrucksmöglichkeiten, und die alte Funktion der Bilder, einen Ausschnitt der »Realität« wie einen »Beweis« für Realität zu präsentieren, verschwindet – was echt oder unecht ist, weiß nur noch der Foto-Komponist. Im Film geht die Sache weiter, in »Forest Gump« können Sie sehen, wie spielerisch dokumentarische Bilder mit der Fiktion der Story vermischt werden – der fiktive Held trifft mit vier amerikanischen Präsidenten zusammen und spricht mit ihnen, ein simples Mittel der Komödie, das sich morgen schon wieder verbraucht haben wird. »In der Epoche der Echtzeitübertragung«, schreibt Wolfgang Hegewald,»gilt Andy Warhols Diktum: ›Der Fälscher ist der Held des elektronischen Zeitalters.‹«[12]

Falsche Schüchternheit. Vielleicht ist der kritische Verteidiger der neuen Medien und elektronischen Welten, Vilém Flusser, den ich anfangs zitierte, vor zehn Jahren einer Illusion gefolgt, als er die Allmacht der kommenden Bilderfluten theoretisch zu fassen versuchte. Nicht weil er, wie Gelehrte es gern tun, seinen Gegenstand maßlos überschätzte. Eher, denke ich, weil er die Widersprüchlichkeit seines Gegenstandes nicht genug erkannte, weil er eher lineare Entwicklungen gesehen hat, nicht aber die fraktalen. Das, hoffe ich, könnte eine Lehre sein und helfen, die wortreich und argumentenstark garnierten Zukunftsängste oder -erwartungen, die sich um das Stichwort Telekratie ranken, ein wenig zu entdämonisieren.

Darum habe ich vorhin Flussers Stichworte von 1985 und meine etwas panische Reaktion von 1988 noch einmal aufgenommen: um mir und Ihnen etwas von der falschen Schüchternheit vor dem Phänomen »Informationsgesellschaft« zu nehmen. Eingeschüchtert wird man ja immer wieder: Wenn wir heute »Datenautobahn« hören, treten wir im Geiste schon ein paar Schritte zurück in den Straßengraben, weil wir natürlich nicht überrollt werden wollen. In der Buchbranche etwa genügten bis vor kurzem die drei Silben »CD-Rom«, um ehrfürchtiges oder angsterfülltes Staunen zu erzeugen. Kaum jemand reagierte darauf gelassen: »Eine gute Erfindung, na und?«

Wohin mit der Ungeduld? Vorschnell und pathetisch habe ich von einer »Krise« der technischen Bilder gesprochen, als gäbe es auf dem weiten Feld der Medien einen sicheren Normalzustand. Dabei ist die Krise das Normale, der Kampf um Marktsegmente und Einschaltquoten wird pausenlos und mit allen

Mitteln geführt. Und selbstverständlich nicht nur beim Medium Bild. Wenn man hier von Krise spricht, darf man die permanente Krise der Wörter nicht unterschlagen, die uns so vertraut ist, daß wir gar nicht mehr darüber reden: Die Sprache der Lüge, der Klischees und der Klischeeliteratur, des Wortmülls, die ganze Informationsflut durch gedruckte, gesprochene oder elektronisch vermittelte Wörter, die uns ebenfalls mehr zum Weghören, Abschalten, Weglegen verführen als zu Neugier und Aufmerksamkeit. Die Bildwelten holen diese Phase jetzt nach, mit einiger Verspätung, mit mehr Tempo und Brutalität.

Und das Schöne ist: Es gibt kein Ende dieser Krisen, weder bei den Bildern, noch bei den Wörtern. Der permanente Verteilungskampf macht alles möglich: das große Fressen ebenso wie produktive Annäherungen zwischen den Medien.

Nicht die Bilder, das Fernsehen, die Technik, die Maschinen sind das Problem, sondern die von ihnen geförderten Rezeptionshaltungen: Den Konsumenten wird angewöhnt, daß alles immer bunter, immer leichter und leichter verständlich wird und alles immer schneller geht. Ja, das Medium ist die Botschaft. Aber wir sind weiter als McLuhan: die Farbe ist die Botschaft, das Geschwätz ist die Botschaft, das Tempo ist die Botschaft. »Das Fernsehen,« sagt Federico Fellini, »hat einen riesigen Zuschauerraum mit sehr ungeduldigen Zuschauern geschaffen, die mit einem Gefühl der Überlegenheit diese Bilder betrachten.«[13]

Ungeduld und die zunehmende Arroganz gegenüber kulturellen Angeboten, die geistige Beteiligung erfordern, bestimmen auch die Rezeption anderer Medien – und gerade die Literatur als eine der langsamen Künste hat darunter zu leiden. Wer sich mit Literatur beschäftigt, muß sich mit diesem eingebildeten (oder ungebildeten) Überlegenheitsgestus auseinandersetzen, der immer mehr um sich greift und zum guten Ton zu gehören scheint und inzwischen selbst in Literaturkreisen als schick gilt.

Welche Folgen hat das für den einzelnen Autor, z.B. für mich?

Eine Anpassung der Ästhetik an das allgemeine Rezeptionstempo mag eine Möglichkeit sein, aber damit, fürchte ich, kommt man nicht weit. So schnell wie die Schnitte im Filmbild, so flott wie der Moderator, so farbig und flink wie ein Videoclip wird das geschriebene Wort nicht werden können. Aber ich bin mit solchen Beispielen schon auf dem Holzweg. Das Vergleichen, Mithaltenwollen oder Gegeneinanderausspielen bringt herzlich wenig. Das Angebot für die Minderheit muß nicht definiert werden am Angebot für die Mehrheit. Es muß auch nicht gerechtfertigt werden auf diesem Hintergrund. Ich will mich im Ansturm der Bilder ja nicht wie Don Quixote verhalten. Ich tue meine Arbeit ja nicht gegen diesen Sturm, sondern *neben* ihm. Vor allem aber kann und will ich nicht bestreiten, daß die Bilder und Bildmedien ihre eigene Attraktion haben und behalten, ich will nur betonen, daß die Wörter daneben ihre *eigene, wenn auch andere* Attraktion haben. Alle direkten Wertungen, Vergleiche oder Abgrenzungen führen schnell in die Sackgassen moralistischer, pessimistischer Kulturkritik.

Deshalb zielt meine umständliche Rede immer wieder auf die Eigenheiten und möglichen Attraktionen der Wörter, der Literatur. Sie kann vielleicht Anhänger, nicht aber ihre Attraktion verlieren, wenn sie flexibel genug bleibt, ihre Eigenheiten zu wahren. Sie gewinnt wahrscheinlich eher, wenn sie der Ungeduld gerade nicht entgegenkommt, sich der Schnelligkeit verweigert und der Schnellverständlichkeit nicht anpaßt. Ihre Attraktion mag daran leiden, daß sie ein »altes« Medium und kein fabrikneues ist, daß sie, weil weniger Umsatz mit ihr gemacht wird, mit den Werbeetats und PR-Kampagnen der Computer- und Fernsehproduzenten nicht mithalten kann, und daß sie eine andere, intensivere Beteiligung erfordert. Aber sie hat ja zum Glück viel mehr zu bieten. Sie verlockt, um hier wieder mal nur ein Beispiel anzuführen, mit dem Luxus Langsamkeit, Innehalten, Stillstand, Fragen. Sie meinen, das sei kein Luxus? Man muß kein Zukunftsforscher sein wie Roland Gieske, um festzustellen:»Natürlich kommt es zu einer zunehmenden Beschleunigung unseres Lebens, einem Ausoptimieren von Zeit- und Ruhezonen ... Das Leben wird für den Einzelnen immer komplizierter, weil jeder mehr Optionen hat. Früher kämpfte man gegen die Beschränkung. Heute muß man sich angesichts der Masse von Optionen, die scheinbar alle möglich sind, fragen: Was will ich eigentlich wirklich?«[14]

»Diese rein binäre Welt«, sagt Klaus Wagenbach,»ist auch für einen intelligenten Menschen eine Provokation: weil in ihr die Optative und die Konjunktive fehlen, von denen die Literatur eigentlich lebt – könnte sein, was wäre wenn und wie wäre es dann, Wunschphantasien. Wir steuern auf eine Welt zu, in der das Abschneiden von Wunschphantasien darauf hinausläuft, daß die Leute anfangen, Fragen zu stellen. Wir reden jetzt von den Aufmerksameren, von winzigen Minoritäten, wir sind ja bei Büchern, fünf Prozent, zehn Prozent. Und diese Leute, die werden die künftigen Leser sein ... Bücher werden überleben, das ist gar keine Frage. Aber das Büchermachen wird schwierig werden ...«[15]

Dialogische Fäden. Vilém Flusser sprach von den»dialogischen Fäden«, eine schön poetische Formulierung. Diese Fäden seien das Höchste, was im Universum der technischen Bilder zu erringen sei. Man wird hier an weltweiten Daten- und Bildaustausch zwischen Experten und Briefpartnern denken, an E-mail, Pay-TV, Teleshopping, Bankauskünfte, andere Neuverteilungen von Dienstleistungen, CD-Rom-Lektüre am Bildschirm usw. Doch all diese elektronischen Fäden zwischen Konsumenten und den technischen Bildern würde ich, da es lineare Mensch-Maschine-Konnektionen sind, nicht unbedingt als dialogisch bezeichnen. Vielleicht wird mehr »Dialog« möglich durch die Errungenschaft des Cyberspace, also das Wandern durch fiktive Welten samt Lieferung der zu den Bildern passenden Gefühle und Berührungen, und man verspricht ja schon, daß auch das Vögeln mit elektronischen Bildern fast die herkömmlichen Genußgefühle verschaffe.

Vielleicht kann dieses Versprechen die Literatur nicht ganz einlösen, aber alles andere, was uns da angeboten wird, der Einstieg in phantastische Welten bei gleichzeitiger Aktivierung der subjektivsten Sensomotorik beim Leser, ist ja mit dem alten Medium der Wörter nicht anders und nicht unbedingt schlechter zu haben. Dialog und Phantasie, unabhängig von Steckdosen und Batterien, irgendwann wird man auch diesen Vorteil wieder zu würdigen wissen ...

Und was ist mit Flussers »dialogischen Fäden«, wenn man sie einmal neben die Überlegungen eines Elias Canetti hält, der einst die vergleichbare These aufgestellt hat: Literatur halte »die Zugänge zwischen den Menschen offen«.

Offene Zugänge. »In einer Welt, die auf Leistung und Spezialisierung angelegt ist, die nichts als Spitzen sieht, denen man in einer Art von linearer Beschränkung zustrebt, die alle Kraft an die kalte Einsamkeit der Spitzen wendet, das Danebenliegende aber, das Vielfache, das Eigentliche, das sich zu keiner Spitzenhilfe anbietet, mißachtet und verwischt, in einer Welt, die die Verwandlung mehr und mehr verbietet, weil sie dem Allzweck der Produktion entgegenwirkt, die bedenkenlos die Mittel zu ihrer Selbstzerstörung vervielfältigt und gleichzeitg zu ersticken sucht, was an früher erworbenen Qualitäten des

Menschen noch vorhanden wäre, das ihr entgegenwirken könnte, in einer solchen Welt, die man als die verblendetste aller Welten bezeichnen möchte, scheint es geradezu von kardinaler Bedeutung, daß es welche gibt, die diese Gabe der Verwandlung ihr zum Trotz weiter üben.

Dies, meine ich, wäre die eigentliche Aufgabe der Dichter. Sie sollten, dank einer Gabe, die eine allgemeine war, die jetzt zur Atrophie verurteilt ist, die sie sich aber mit allen Mitteln erhalten müßten, die Zugänge *zwischen* den Menschen offenhalten. Sie sollten imstande sein, zu *jedem* zu werden, auch zum Kleinsten, zum Naivsten, zum Ohnmächtigsten. Ihre Lust auf Erfahrung anderer von innen her dürfte nie von den Zwecken bestimmt sein, aus denen unser normales, sozusagen offizielles Leben besteht, sie müßte völlig frei sein von einer Absicht auf Erfolg oder Geltung, eine Leidenschaft für sich, ebenso die Leidenschaft der Verwandlung. Es würde ein immer offenes Ohr dazugehören, doch wäre es damit allein nicht getan, denn eine Überzahl der Menschen heute ist des Sprechens kaum mehr mächtig, sie äußern sich in den Phrasen der Zeitungen und öffentlichen Medien und sagen, ohne wirklich dasselbe zu sein, mehr und mehr dasselbe. Nur durch Verwandlung in dem extremen Sinn, in dem das Wort hier gebraucht wird, wäre es möglich zu fühlen, was ein Mensch hinter seinen Worten ist, der wirkliche Bestand dessen, was an Lebendem da ist, wäre auf keine andere Weise zu erfassen. Es ist ein geheimnisvoller, in seiner Natur noch kaum untersuchter Prozeß und doch ist es der einzige wahre Zugang zum anderen Menschen. Man hat diesen Prozeß auf verschiedene Weisen zu benennen versucht, es ist etwa von Einfühlung oder von Empathie die Rede, ich ziehe aus Gründen, die ich jetzt nicht vorbringen kann, das anspruchsvollere Wort ›Verwandlung‹ vor. Aber wie immer man es nennt, daß es um etwas Wirkliches und sehr Kostbares dabei geht, wird schwerlich jemand zu bezweifeln wagen. In seiner immerwährenden Übung, in seiner zwingenden Erfahrung von Menschen jeder Art, von allen, aber besonders von jenen, die am wenigsten Beachtung finden, in der ruhelosen, durch kein System verkümmerten oder gelähmten Weise dieser Übung möchte ich den eigentlichen Beruf des Dichters sehen.«[16] Wegen solcher Sätze, selbst wenn sie auf den hohen Ton eines scheinbar konservativen Dichterbildes und einer altmodischen Humanität gestimmt sind, verneige ich mich vor Elias Canetti. Solche Sätze erhellen nicht nur den Schreibenden, sondern, wie ich hoffe, auch die Lesenden.

Kontrastprogramm. Sind die gleichen Erosionsprozesse, wie sie vor den Sehmaschinen stattfinden, nicht auch für die Literatur und die Künste zu erwarten? Gibt es nicht schon dichtende Computer? Ist es nicht nur noch eine Frage der Zeit, bis die Arbeit der Schriftsteller von Computern bzw. der speziellen Software übernommen wird?

Die ersten Programme sind längst fertig. Schriftsteller, speziell Drehbuchautoren, können sie bei Gabriele Meiringer vom »Writers Computer Store« in Los Angeles kaufen. Das Programm »Plots Unlimited« schlägt zahlreiche Handlungsalternativen, Charakterkombinationen und Konfliktsituationen vor. »Write Pro« zeigt, wie man Charaktereigenschaften entwickeln kann, Charaktere abrundet, Helden kreiert oder dramatische Konflikte erzeugt. »Collaborator« prüft die Geschichte auf Darsteller, Charaktere, Elemente, Konflikte usw. nach den Regeln des klassischen Dramas. »Story Line« unterteilt zunächst die Struktur einer Geschichte in 22 Schritte; so kann jederzeit jeder Charakter oder jedes Hauptthema simultan betrachtet werden. Das Programm bietet eine automatische Konfliktsituationskontrolle aus neun verschiedenen Perspektiven und Fehlerquellenhinweise. Zusätzlich enthält

»Story Line« Funktionen wie eine Szenenauflistung und vieles mehr – laut Produktionsmitteilung.[17]

Die Programme liefern keine fertigen Bücher, sondern einstweilen nur Handlungsideen im Bereich des Trivialen. Wie man hört, können sie beim Schreiben von einfach gestrickten Fernsehserien und von Heftromanen helfen, aber auch ein Film wie »Rain Man« soll auf der Basis eines computergestützten Drehbuchs entstanden sein. Die Computerdichtkunst ist erst am Anfang, vergleichbar den ersten Schachcomputern, deren neueste Generation schon mal einen Schachweltmeister zu schlagen in der Lage ist.

Haben Sie keine Angst vor dieser Entwicklung, Herr Autor?

Nein, ganz und gar nicht.

Auch nicht, vom dichtenden Computer arbeitslos gemacht zu werden?

Nein. »Handlung« war für mich nie ein sonderlich entscheidender Faktor in einem Roman, die inneren Bewegungen einer Figur sind meistens wichtiger als die äußerlichen. Und Charaktere sind durch Beobachtung oder Erfahrung allemal glaubwürdiger zu gestalten als durch abgerufene Adjektive. Man könnte fast sagen: je weniger »Handlung«, desto besser die Literatur – und deshalb kann es nicht schaden, wenn die Handlungsschreiber und Handlungsleser ihre Erwartungen im Krimi oder in der Fersehserie suchen. Vielleicht müssen Konsalik bzw. seine Nachfolger um ihre Arbeitsplätze fürchten, aber die Autorinnen und Autoren, denen die Sprache über alles geht und die innere Komposition der Figuren, werden nicht fürchten müssen, daß ihnen ein Software-Programm für den Macintosh einen Verlagsvertrag oder Stadtschreiberpreis sagen wir von Lippstadt oder den Nobelpreis wegschnappt. Es sei denn, die Nobelpreise werden in ein paar Jahrzehnten auch von Computern vergeben.

»Heute«, schreibt Umberto Eco, »gibt es zum Beispiel hypertextuelle Romane, wo der Leser vor einem Computerbildschirm sitzt und verschiedene Dinge ausprobieren soll: Romanenden verändern oder eine unaufhörliche Geschichte, dem Jazz vergleichbar, erfinden. Hier erfährt die klassische Vorstellung von Autor und Autorenschaft eine ernste Herausforderung, und wir können auf neue Art freie Kapazitäten entfalten. ... Wir bewegen uns auf eine Kultur zu, in der freie Kreativität neben Textinterpretation ihren Platz finden wird. Das Neue wird das Alte nicht verdrängen. Wir können beides haben.«[18]

Dies war mein Grundgedanke, ehe ich ihn bei Eco bündig formuliert fand: »Wenn es um literarische Werke geht oder darum, sorgsam zu lesen, um sich Wissen anzueignen oder grüblerisch nachzusinnen, werden Bücher unverzichtbar bleiben. ... Mit anderen Worten: Es ist in der Geschichte der Kultur noch niemals vorgekommen, daß etwas Neues das Alte einfach vernichtet hat. Das eine hat das andere nur tiefgreifend verändert.«[19]

Das Verbrechen, nicht zu lesen. Also: kein Grund zu verzweifeln zwischen Canetti und Computer? Nein, solange man begreift, daß die Phantasiebedürfnisse einer Mehrheit nicht gegen die einer Minderheit und die einer Minderheit nicht gegen die einer Mehrheit ausgespielt werden sollten. Damit meine ich nicht, die Minderheit möge sich in jeder Beziehung damit abfinden, eine Minorität zu sein, oder sich gar je feiner und elitärer fühlen, je kleiner sie ist. Das Mittelalter, in dem nur die Mönche lasen und die Bücher auch selber schrieben und produzierten, kann nicht das Ideal einer demokratischen Gesellschaft sein. Das heißt, die Minderheit der Bücherleser, Wörtermacher und Literaturvermittler darf durchaus Ansprüche, Forderungen stellen und daran arbeiten, daß die

Grenzen zwischen Minderheiten und Mehrheiten sich nicht verfestigen, sondern fließender werden, und auf diese Weise ihren produktiven Beitrag zur Belebung der Gesellschaft leisten.

Für Elias Canetti ist die Poesie nicht Selbstzweck, sondern soll »am Ende wieder (sein), was sie am Anfang war – Lehrerin der Menschheit.«[20] Das hört sich heute tollkühn an. Joseph Brodsky, obwohl entschieden jünger, setzt sogar noch eins drauf:

»Im Ganzen gesehen hat jede neue ästhetische Erfahrung das ethische Bewußtsein der Menschen geschärft. Denn die Ästhetik ist die Mutter der Ethik: Unsere Kategorien von ›gut‹ und ›schlecht‹ sind zuallererst ästhetischer Natur und etymologisch älter als unsere Begriffe von ›gut‹ und ›böse‹ ... Jede ästhetische Wahl ist eine hochindividuelle Angelegenheit, und die ästhetische Erfahrung ist immer privater Art. Jede neue ästhetische Realität läßt diese Erfahrung noch privater werden, und diese Art der Privatheit, die sich manchmal als literarischer oder sonstiger Geschmack tarnt, ist zwar keine Garantie, aber doch eine wirksame Verteidigung gegen jede Form von Versklavung. Ein Mensch mit sicherem Geschmack, besonders in Stilfragen, ist nämlich weniger anfällig für die primitiven Refrains und rhythmischen Beschwörungsformeln, die jeder Art von politischer Demagogie eigen sind.«

Und weiter:

»Das Leben in einer Gesellschaft, in der die Kunst im allgemeinen und die Literatur im besonderen Privileg einer Minderheit sind, scheint mir ungesund und gefährlich. Ich plädiere nicht für die Ersetzung des Staates durch eine Bibliothek, obwohl ich gelegentlich mit solchen Gedanken gespielt habe, aber ich zweifle nicht daran, daß das Leben auf der Erde besser bestellt wäre, wenn wir unsere Führer aufgrund ihrer Lektüre gewählt hätten und nicht aufgrund ihres politischen

Programms. Die potentiellen Lenker unserer Geschichte sollten anstatt über den künftigen Kurs ihrer Außenpolitik über ihre Verhältnis zu Stendhal, Dickens und Dostojewski befragt werden. Da das A und O der Literatur aus menschlicher Diversität und Perversität besteht, erweist sie sich als zuverlässiges Gegengift gegen jeden bekannten oder noch unbekannten Versuch, die Probleme der menschlichen Existenz auf massenhafte und totalitäre Weise zu lösen. Als moralische Rückversicherung ist die Literatur zuverlässiger als ein Glaubenssystem oder eine philosophische Doktrin.«[21]

Auch über diese These ließe sich trefflich streiten. Mir gefällt daran, daß hier einer der Literatur etwas, ja viel zutraut, sie im Zweifel eher überschätzt als unterschätzt, und deshalb darf auch der folgende Gedanke nicht fehlen:

»... aber dem schlimmsten Delikt, Bücher gar nicht erst zu lesen, stehen wir machtlos gegenüber. Wer dieses Verbrechen begeht, büßt dafür mit seinem Leben, eine Nation, die dieses Verbrechen begeht, büßt mit dem Verlust ihrer Geschichte.«

Kunst als Bestimmung der Gattung? Die zitierten Autoren formulieren mehr als ihre eigenen Ideen. Canetti und Brodsky stehen mit ihren Überlegungen nicht allein, aber sie betonen besonders eindrücklich das Existenzielle der Sprache, der Wörter, der Literatur, der Kunst.

Ich denke, daß alle Arbeiter im Weinberg der Sprache, unabhängig von ihrer Bedeutung und der Art ihres Schreibens, über einen gemeinsamen Subtext verfügen, der dieses existenzielle Element umspielt. Sprache, Wörter, Literatur können nur wirken, wenn viele, möglichst viele Subjekte – und keinesfalls bloß die schreibenden – daran arbeiten, im Sinn von Canetti »die Zugänge zwischen den Menschen offen zu halten«. Dies ist nicht leicht in einer Gesellschaft, in der um der Effizienz und des schnellen Geldes willen Zugänge zwischen den Menschen eher zugeschüttet als geöffnet werden und Aggression und Destruktivität zunehmen. Andererseits leben wir in einem der freiesten, reichsten, kulturell reichsten und widersprüchlichsten Länder der Welt. Kein Grund zur Resignation, entschieden ist nichts, auch nicht der Kampf der Wörter-Stürmer gegen die Wörter.

Den größten Fehler macht, wer hier pauschal in Gegensätzen denkt. Offenheit schließt das Verständnis für und die Neugier auf andere Medien ein. Damit auch Gelassenheit gegenüber neusten Kommunikationsformen wie Internet – wer könnte bestreiten, daß auch hier »Zugänge zwischen den Menschen offen« gehalten oder erst ermöglicht werden, sogar viel direkter als über das Medium Literatur.

Die Lust am Öffnen und Differenzieren durch Sprache speist sich aus der Ahnung, daß in den (literarischen) Wörtern mehr Geheimnisse, Schönheiten, Erfahrungen und Entfaltungsmöglichkeiten für jeden einzelnen liegen als man im voraus berechnen oder einspeichern kann. Obwohl wir, die mit den Wörtern arbeiten, mehr oder minder leidenschaftliche Egoisten sind und von verschiedenen Interessen, Karrierewünschen, Temperamenten und Begabungen gelenkt, »wissen« wir doch eines: »Man weicht der Welt nicht sicherer aus als durch die Kunst, und man verknüpft sich nicht sicherer mit ihr als durch die Kunst.«[22]

Der junge Brodsky treibt auch diesen Gedanken noch weiter: »Die Kunst, insbesondere die Literatur ist kein Nebenprodukt der menschlichen Entwicklung, sondern das Gegenteil ist der Fall. Wenn das, was uns von anderen Mitgliedern des Tierreichs unterscheidet, die Sprache ist, dann ist Literatur, besonders die Poesie als höchste Form der Sprache, vereinfacht gesagt die Bestimmung unserer Gattung.«[23]

Zurück zur Zukunft. Ist das bloß eine arrogante Dichtermeinung? Eine Art Bestätigung liefert etwa der Biologe und Psychologe Norbert Bischof, der viel über die Anfänge der Sprache beim Menschen geforscht hat. Bischof fragt, »warum die sprachliche Kommunikation beim Menschen so existenznotwendig wird, daß sie einen Selektionsdruck auf aktiven Erwerb entsprechender Kompetenz ausüben konnte« und antwortet: »Es geht um den Aufbau des Bezugssystems ›Welt‹, auf das der Mensch angewiesen ist, um seine eigenen künftigen Bedürfnislagen voraussehen zu können. Die Aufgabe, ein solches Gerüst zu errichten, stellt für den Einzelnen eine Überforderung dar; er kann sie nicht allein, sondern nur im Informationsaustausch mit anderen vollbringen. Erst beim Menschen tritt daher in großem Maßstab das Bedürfnis auf, Inhalte der Vorstellungsebene zwischen sich und anderen Individuen zu transferieren.« [24]

Sprache entstand also, als der Mensch nicht mehr Schimpanse sein wollte. Er brauchte die Wörter, um seine künftigen Bedürfnisse voraussehen zu können, er hätte ohne das verlockende Zukunftselement der Wörter sich nicht entwickeln können. Ich überlasse es Ihnen, diese Beobachtung aus den Anfängen der Menschheit auf ihre angebliche Endzeit heute zu übertragen. In der Sprache, die wir dank der Maschinen schreiben und lesen, läßt sich gewiß auch über künftige Bedürfnisse nachdenken. Ob sie aber auch unsere Sinne und Phantasien beherrscht, hängt von uns ab. Zugespitzt gesagt: es steht uns frei, ob wir wieder zu Schimpansen werden. Wir haben die Wahl, *wie angenehm!*

Anmerkungen

Warum ich immer
noch kein Zyniker bin
oder
Die Zukunft der Wörter

1   Heinrich Mann, Die geistige Lage. In: Essays, Hamburg 1960, S. 334
2   Niklas Luhmann, Beobachtungen der Moderne, Opladen 1992 , S. 42
3   Jürgen Theobaldy, Offene Räume. In: Mehrstimmiges Grün, Berlin 1994, S. 133
4   Sigmund Freud, Der Dichter und das Phantasieren. In: Studienausgabe Bd. X. Frankfurt 1969, S.173 f.
5   Joseph Brodsky, Der Staat ist von gestern, die Literatur ist von morgen. In: Die Zeit, 22.4.1988
6   Elias Canetti, Der Beruf des Dichters. In: Das Gewissen der Worte. Frankfurt 1981, S. 282
7   Ebd., S. 288
8   Peter Sloterdijk, Kritik der zynischen Vernunft. Erster Band. Frankfurt 1983, S. 37
9   Ebd.. S. 36 f
10 Reinhard Kahl, Zukunftsimperialismus. In: taz 30./31.12.1995
11 Kurt Drawert, Spiegelland. Ein deutscher Monolog. Frankfurt 1992, S. 76
12 Albert Camus, Tagebücher 1935-1951. Reinbek 1972, S. 296
13 Ebd., S. 304
14 Claudio Magris, Ein kleines Licht in der Finsternis. In: Wochenpost 8.9.94
15 Nach Günter de Bruyn, Das Leben des Jean Paul Friedrich Richter. Eine Biographie. Frankfurt 1991, S. 161
16 Italo Calvino, Richtiger und falscher politischer Gebrauch der Literatur. In: Kybernetik und Gespenster. München 1984, S. 126
17 Allen Ginsberg, Interview Süddeutsche Zeitung, 5.11.1993
18 Cornelius Castoriadis, Kultur und Demokratie. In: Lettre International Nr. 27 (1994), S. 16 f.

Warum ich kein
»politischer Autor« bin
oder
Die Bereicherung der Literatur
durch politisches Bewußtsein

1   Nach Alejo Carpentier, Stegreif und Kunstgriffe. Frankfurt 1980, S. 39
2   Jean Paul Sartre, Was kann Literatur? Interviews, Reden, Texte 1960-76, Reinbek 1979, S. 81
3   André Gide, Autobiographisches, 1. Band. Stuttgart 1989, S. 440
4   Näheres zur Methode in »Zur Einführung« in: F.C.D., Wir Unternehmer. Über Arbeitgeber, Pinscher und das Volksganze. Neuausgabe Bielefeld 1983, S. 9 ff.
5   F.C.D., Selbstporträt mit Luftbrücke. Ausgewählte Gedichte 1962-1992. Reinbek 1993, S. 149
6   Ausführlich im Nachwort »Der Siemens-Prozeß und andere Wirkungen der Siemens-Satire«, in: F.C.D., Unsere Siemens-Welt. Eine Festschrift zum 125-jährigen Bestehen des Hauses S. Neuausgabe Hamburg 1995, S. 178 ff
7   Zit. nach Günther de Bruyn, Das Leben des Jean Paul Friedrich Richter. Frankfurt 1991, S. 103
8   Heinrich Mann, Was ist eigentlich ein Schriftsteller? In: Essays. Hamburg 1960, S. 295
9   Don DeLillo, Mao II. Roman. Köln 1992, S. 203 f.
10 Alejo Carpentier, a.a.O., S. 84
11 Ebd., S. 88 und 93
12 Joseph Brodsky, Der Staat ist von gestern, die Literatur von morgen. Die Zeit 22.4.1988

Warum ich ein
Einheitsgewinnler bin
oder
Die neuen alten Erwartungen
an die Literatur

1 Ulrich Beck, Nicht-mehr und Noch-nicht, tageszeitung 19.12.1994
2 André Gide, Autobiographisches, 1. Band. Stuttgart 1989, S. 395
3 Hermann Beland, Umwälzungen gebären alte Geister neu – Das verunsicherte Europa. In: Psyche 4/1993, S. 381
4 Ebd., S.383
5 Egon Schwarz, F.C.Delius als Autobiograph, in: literatur für leser, 1/95, Themenheft F.C.Delius. Frankfurt (Peter Lang Verlag). S. 23 ff.»Es ist der Humor der Nachsicht«, schreibt Egon Schwarz,»ausgestattet mit der warmen Sympathie für überstandene, aber vielleicht nicht ganz überwundene Leiden. Es ist auch ein Humor der Lebensweisheit, der weiß, wie leicht Komisches in Tragisches umschlagen kann und wohl umgeschlagen wäre, wenn auch nur ein winziges Körnchen im Heiltrank gefehlt hätte.«
6 Ardagh Futterknecht, Vom Isaak zum Weltmeister, in: literatur für leser, Themenheft F.C. Delius, a.a.O., S. 30 ff.
7 Nach Wolfgang Hegewald, Wie sich Wahrnehmung justiert. In: Horen, September 1994
8 ˙FAZ, 26.11.1994
9 Peter Schneider, Vom Ende der Gewißheit. Berlin 1994, S.104f
10 Selbst konservative Köpfe wie Johannes Groß beklagen die speziell deutsche Leidenschaft des Niedermachens, s. FAZ-Magazin, 1.12.95
11 Albert Camus, Tagebuch 1951 - 1959. Reinbek 1991, S. 102
12 Johann Wolfgang Goethe, Wilhelm Meisters Wanderjahre. Zweiter Teil. München 1962, S. 21
13 Sebastian Kleinschmidt, Gespräch mit Hans Georg Gadamer, Interview, Sinn und Form 3/1991, S. 500
14 André Gide, Autobiographisches, 1. Band. Stuttgart 1989, S. 411 f.
15 Albert Camus, Tagebücher 1935 - 1951. Reinbek 1972, S. 24
16 Franz Tumler, Volterra oder wie entsteht Prosa. Frankfurt
17 Albert Camus, Tagebuch 1951 - 1959. Reinbek 1991, S. 84
18 Ulrich Beck, a.a.O.
19 Nach Elisabeth Lenk, Die Woche 2/94

Warum ich mich
vor Elias Canetti verneige
oder
Wörter, Bilder, Maschinen

1 F.C.D., Canetti und Computer. In: Ein Traum von Europa. Rowohlt Literaturmagazin 22. Reinbek 1988, S. 124 ff.
2 Göttingen, 1985
3 ebda. S. 35
4 Peter Glotz, Die Telekratie bändigen! Die Woche, 15.9.1994
5 Michael Rutschky, Wochenpost, 3.1.1995
6 Tom Peuckert, Tagesspiegel, 30.1.1994
7 Roger Willemsen, Die Woche, 10.9.1993
8 Péter Nádas, Der Lebensläufer. Berlin 1995, S. 100
9 Paul Virillo, Die Eroberung des Körpers. Vom Übermenschen zum überreizten Menschen. München 1994
10 Hans Magnus Enzensberger, Mittelmaß und Wahn. Frankfurt 1988, S. 89 ff
11 Rolf Brockschmidt, Auch Originale können falsch sein. Tagesspiegel, 2.10.1994
12 Wolfgang Hegewald, Wie Wahrnehmung sich justiert. Die Horen, Sept. 1994
13 Federico Fellini, Interview, Wochenpost, 4.11.1993
14 Roland Gieske, Die Zukunft des Lumpenproletariats. tageszeitung, 31.12.1994
15 Klaus Wagenbach, Interview Tagesspiegel, 26.8.1994
16 Elias Canetti, Der Beruf des Dichters. In: Das Gewissen der Worte. Frankfurt 1981, S. 285 f.
17 Workshop-Ankündigung der 5. Europäischen Sommerakademie Film und Medien, Akademie der Künste, Berlin 1994
18 Umberto Eco, Am Ende steht das Buch. Die Woche, 25.8.1995
19 Ebd.
20 Elias Canetti, nach Neue Zürcher Zeitung 26./27.11. 1994
21 Joseph Brodsky, Der Staat ist von gestern, die Literatur von morgen. Die Zeit, 22.8.1988
22 Johann Wolfgang Goethe, Maximen und Reflexionen.
23 Joseph Brodsky, a.a.O.
24 Norbert Bischof, Zur Stammesgeschichte der menschlichen Kognition. Schweizerische Zeitschrift für Psychologie, 46 (1/2) 1987, S. 86

Foto: Isolde Ohlbaum

Friedrich Christian Delius, geboren 1943 in Rom, aufgewachsen in
Bad Doberan und Hessen (Wehrda/Bad Hersfeld, Steinatal, Korbach).
Lebt seit 1963 in Berlin, unterbrochen von Jahren in London (1966/67),
Rom (1971/72), Nijmegen (1978/80), Bielefeld (1980/84).
1963 bis 1970 Studium, erst an der FU Berlin, dann an der TU bei Walter
Höllerer (Dissertation über »Der Held und sein Wetter«).
Teilnehmer an Tagungen der Gruppe 47 von 1964 bis 1967. Von 1970
bis 1973 Lektor für Literatur im Verlag Klaus Wagenbach, von 1973 bis
1978 im Rotbuch Verlag. In den siebziger Jahren zwei Prozesse, welche
die Siemens AG und Helmut Horten gegen ihn führten, erfolgreich
überstanden. Seit 1978 freier Schriftsteller.

1965 Kerbholz. Gedichte. Berlin: Wagenbach (= Quarthefte 7).
      Taschenbuchausgabe Reinbek: Rowohlt 1983 (= rororo 5073).

1966 Wir Unternehmer. Über Arbeitgeber, Pinscher und das Volksganze.
      Eine Dokumentarpolemik anhand der Protokolle des
      Wirtschaftstages der CDU/CSU 1965 in Düsseldorf. Unter
      wiss. Mitarbeit von Karl-Heinz Stanzick. Berlin: Wagenbach
      (= Quarthefte 13). Neuausgabe Bielefeld: Pendragon 1983.

1969 Wenn wir, bei Rot. 38 Gedichte. Berlin: Wagenbach (= Quarthefte
      37). Auch in der Taschenbuchausgabe: Kerbholz. Reinbek: Rowohlt
      1983 (= rororo 5073).

113

1971 Der Held und sein Wetter. Ein Kunstmittel und sein ideologischer Gebrauch im Roman des bürgerlichen Realismus. München: Carl Hanser.

1972 Unsere Siemens-Welt. Eine Festschrift zum 125-jährigen Bestehen des Hauses S. Berlin: Wagenbach (= Quarthefte 57), Rotbuch 1973 (= Rotbuch 102). Erweiterte Neuausgabe mit einem Anhang über den Prozeß, über die Kunst der Satire, die Menschenwürde des Konzerns, Bierpreise und den verlorenen Kredit des Hauses S. Berlin: Rotbuch 1976 (Rotbuch 102). Neuausgabe Hamburg: Rotbuch 1995.

1975 Ein Bankier auf der Flucht. Gedichte und Reisebilder. Berlin: Rotbuch (= Rotbuch 144).

1981 Ein Held der inneren Sicherheit. Roman. Reinbek: Rowohlt (= das neue Buch 153). Taschenbuchausgabe Reinbek: Rowohlt 1986 (= rororo 5469).

1981 Die unsichtbaren Blitze. Gedichte. Berlin: Rotbuch (= Rotbuch 250).

1984 Adenauerplatz. Roman. Reinbek: Rowohlt. Taschenbuchausgabe Reinbek: Rowohlt 1987 (= rororo 5837).

1985 Einige Argumente zur Verteidigung der Gemüseesser. Eine Denkschrift. Berlin: Rotbuch (= Rotbuch 306).

1987 Mogadischu Fensterplatz. Roman. Reinbek: Rowohlt. Taschenbuchausgabe Reinbek: Rowohlt 1990 (= rororo 12679).

1988 Konservativ in 30 Tagen. Ein Hand- und Wörterbuch Frankfurter Allgemeinplätze. Reinbek: Rowohlt. Taschenbuchausgabe Reinbek: Rowohlt 1991 (= rororo Sachbuch 8895).

1988 Waschtag. Textbuch. Mit einer Einführung von Dieter Kirsch. Utrecht: L.O.K.V. Dramatische Bibliothek.

1989 Japanische Rolltreppen. Tanka-Gedichte. Reinbek: Rowohlt.

1991 Die Birnen von Ribbeck. Erzählung. Reinbek: Rowohlt. Taschenbuchausgabe Reinbek: Rowohlt 1993 (= rororo 13251).

1992 Himmelfahrt eines Staatsfeindes. Roman. Reinbek: Rowohlt.

1993 Selbstporträt mit Luftbrücke. Ausgewählte Gedichte 1962-1992. Reinbek: Rowohlt.

1994 Der Sonntag, an dem ich Weltmeister wurde. Erzählung. Reinbek: Rowohlt.

1995 Der Spaziergang von Rostock nach Syrakus. Erzählung. Reinbek: Rowohlt.